KB250858

目 錄 組 織 論 I

目 錄 組 織 論 Ⅰ

鄭駞謨 著

인사의 말씀

  개인의 저작전집은 대단히 훌륭하고 권위 있는 학자에 한해서 그 분이 작고한 다음에 여러 해 지나서야 제자들이나 그 자손들이 뜻을 모아 편찬하는 것이 현재까지의 관행이라고 알고 있습니다. 그런데 본인의 저작은 그 내용이 허술하여 학술적 가치도 없어서 앞으로 나의 저작이 전집으로 출간되리라고는 전혀 꿈에도 생각하지 못했는데, 내가 죽기도 전에 우선 표면상으로나마 이와 같이 훌륭한 저작전집을 발행하게 되었으니 나는 운수가 대단히 좋은 사람이라고 스스로 생각합니다.

  이 저작전집을 발행하게 된 과정을 간단히 말씀드리면 2001년 5월에 "한국학술정보주식회사"라는 처음 듣는 출판사에서 한 청년이 집으로 찾아와서 자기소개를 한 다음, 내가 지금까지 저작한 책들을 모두 빠짐없이 연대순으로 작성한 목록을 내 앞에 제시하고, 이들 책들을 모두 전집으로 엮어서 발행하고자 하니 허락해 달라고 했습니다.

  나는 처음에 그의 말이 전혀 납득이 되지 안아서 몇 가지 사항을 물었습니다. 그 목록에는 책을 발행한지 30년이 지난 책도 여러 권인데 이제 이런 책을 다시 발행해서 누가 볼 것이며, 우선 출판사에서 이득이 없고 오히려 손해만 볼 터인데 왜 이런 책을 발행하려고 하는가?

  그 젊은이가 말하기를 저희가 손해 보는 사업이야 하겠습니까? 저희들의 출판사 이름이 "한국학술정보주식회사"입니다. 학술적 가치가 있다고 판단되면 아무리 오래된 책이라도 이들을 주로 "전자책"으로 복원해서 주로 대학도서관에 보급하고자 합니다. 전자책은 발행 비용도 적게 들고, 아무리 많은 독자가 있어도 CD 한 장으로 모두 동시에 볼 수 있습니다.

둘째로 우리나라의 도서관도 이제 장서가 포화상태에 이르러 동일한 책을 복본으로 소장할 수가 없고, 오히려 이미 소장된 문헌도 한 권씩만 남겨두고 복본은 폐기해야 할 처지입니다. 그리고 과거에 발행된 책들이 대부분 인쇄가 선명하지 못하고 지질이 불량해서 삭거나 좀먹은 책들이 많아서 앞으로 50년만 지나면 거의 쓸모없는 것이 더욱 많아질 것입니다. 반면에 CD는 아무런 손상이 없이 영구적으로 보존될 수 있다고 보고 있습니다.

나는 젊은이의 말을 듣고 부끄러운 생각에 얼굴이 붉어졌지만 많은 것을 깨달았습니다. 내가 대학에서 30여 년 동안 도서관과 직접 관련된 전공분야의 교수였고 도서관장까지 지낸 사람인데 불과 10년도 안 되는 동안에 이렇게도 많이 변했는가? 전자공학과 컴퓨터공학이 이렇게도 빠르게 세상을 혁신시키고 있는가? 놀라지 않을 수가 없었습니다.

한편 이상과 같은 시대적 변화를 일찍이 예견하고 전자문헌출판에 앞장선 "한국학술정보주식회사"의 채종준 사장님의 선견지명에 경의를 표하는 동시에 나의 저작전집을 훌륭하게 발행해 주신데 대하여 진심으로 감사의 말씀을 드립니다. 아울러 그 동안 실무를 맡아서 처음부터 끝까지 성심으로 추진시켜준 장인호군에게도 감사하는 마음을 전합니다.

2004년 5월 20일

清 浪 드림

目　次

第1章 基　礎　論

Ⅰ. 圖書館 資料의 組織節次 ……………………………………… 15

Ⅱ. 目錄의 意義 …………………………………………………… 18

　A. 目錄의 語意 ………………………………………………… 19

　B. 目錄과 目錄學 …………………………………………… 20

Ⅲ. 目錄의 種類 …………………………………………………… 22

　A. 形態 上의 種類 …………………………………………… 22

　B. 機能 上의 種類 …………………………………………… 24

Ⅳ. 標目과 著錄의 種類 ………………………………………… 28

　A. 標目의 意義 ……………………………………………… 28

　B. 書誌的 記述 ……………………………………………… 29

　C. 著錄의 意義 ……………………………………………… 30

　D. 基本著錄 …………………………………………………… 31

　E. 補助著錄 …………………………………………………… 32

　　1. 副出著錄 ………………………………………………… 33

　　2. 分出著錄 ………………………………………………… 33

　　3. 參照Card ………………………………………………… 34

第2章 目錄規則과 그 變遷

Ⅴ. 目錄規則 ……………………………………………………… 37

    A. 目錄規則의 意義 ·· 37

    B. 目錄規則의 發生 ·· 38

    C. 目錄規則의 必要性 ·· 39

Ⅵ. 現代의 主要目錄 規則 ··· 41

    A. Panizzi의 目錄規則 ·· 41

    B. Jewett의 目錄規則 ·· 42

    C. Cutter의 辭典體目錄規則 ······································ 44

    D. Anglo-American Code ·· 47

    E. ALA 目錄規則 ·· 48

    F. 英美目錄規則 初版 ·· 51

    G. 世界書誌統整(UBC) ·· 53

    H. 國際標準書誌記述法(ISBD) ····································· 55

    Ⅰ. 英美目錄規則 第2版 ·· 57

Ⅶ. 韓國의 目錄規則 ·· 61

    A. 朴奉石의 東書編目規則 ··· 61

    B. 韓國目錄規則 ·· 62

    C. 韓國目錄規則 3版 ·· 63

第3章 著錄 作成法

Ⅷ. 著錄의 記述事項과 順位 ··· 67

    A. 記述事項 ·· 67

    B. 記述順位 ·· 68

    C. 句讀法 ··· 72

    D. 所定句讀法一覽 ·· 76

Ⅸ 情報採記의 典據와 表現形式 ······································· 79

    A. 情報採記의 典據 ··· 79

　　B. 書誌情報의 表現形式 ·· 81

　　　1. 記述의 言語와 文字 ·· 81

　　　2. 略語와 略字 ·· 81

　　　3. 大文字法 ··· 82

　　　4. 誤字와 誤植 ··· 82

Ⅹ. 單行本에 대한 標準書誌記述法 ··· 83

　A. 書名著者表示事項 ·· 84

　　　1. 本 書名 ·· 84

　　　2. 對等書名, 餘他書名 ·· 86

　　　3. 著者表示 ··· 87

　B. 版次事項 ··· 91

　C. 發行事項 ··· 94

　　　1. 發行地 ··· 94

　　　2. 發行處 ··· 97

　　　3. 發行年度 ·· 101

　D. 形態記述事項 ·· 104

　　　1. 面數 또는 卷冊數 ·· 104

　　　2. 挿圖表示 ·· 107

　　　3. 크기 ·· 109

　　　4. 附錄資料表示 ·· 109

　E. 續刊事項 ·· 110

　　　1. 續刊物의 本 書名 ·· 110

　　　2. 續刊物의 對等書名 ··· 111

　　　3. 續刊物의 副 書名과 雜題 ·· 111

　　　4. 續刊物의 著者表示 ··· 111

　　　5. 續刊物의 ISSN ·· 112

　　　6. 續刊物의 卷號表示 ··· 112

　　　7. 下位續刊物 ··· 113

    F. 註記事項 ································· 114

      1. 範圍 ································· 114

      2. 文段나누기와 句讀法 ················· 114

      3. 表現文體와 形式 ····················· 115

      4. 註記의 範疇와 記述順序 ··············· 115

    G. 國際標準圖書番號 求得條件事項 ········· 126

      1. 國際標準圖書番號(ISBN) ············· 126

      2. 求得條件表示 ······················· 127

    H. 多卷本의 書誌記述法 ················· 129

      1. 二段階記述法 ······················· 129

      2. 分立著錄 ··························· 130

      3. 未完著錄(open entry) ················· 131

    I. 目標指示事項 ······················· 132

XI. 著錄의 形式 ····························· 138

  A. 請求記號의 位置 ····················· 139

  B. 目標의 記述 ························· 141

  C. 書誌의 記述 ························· 145

  D. 目標指示事項 ························· 146

第4章 目標選定의 原則과 그 方法

XII. 目標選定의 原則과 그 實際 ················· 153

  A. 目標選定의 意義 ····················· 153

  B. 目標選定을 위한 情報의 出典 ··········· 153

  C. 目標選定의 一般原則 ················· 154

  D. 目標選定의 實際 ····················· 155

    1. 個人著者의 著作 ····················· 155

2. 한 團體의 責任으로 된 著作 ·················· 156

3. 共著書 ·················· 157

4. 個人目標 ·················· 166

5. 統一書名 ·················· 168

第5章 主題名目錄과 主題名目標

ⅩⅢ. 主題名目錄과 主題名目標 ·················· 173

A. 主題名目錄의 意義 ·················· 173

1. 主題名과 主題名目標 ·················· 173

2. 統一目標 ·················· 174

3. 用語法 ·················· 176

4. 形式標目 ·················· 177

5. 主題名參照 ·················· 178

6. 主題名標目의 賦與方法 ·················· 179

B. 主題名標目表의 意義 및 種類 ·················· 182

1. 主題名標目表의 意義 ·················· 182

2. 主題名標目表의 種類 ·················· 184

3. 美國의 主題名標目表 ·················· 186

찾아보기 ·················· 201

第1章 基 礎 論

Ⅰ. 圖書館資料의 組織節次

Ⅱ. 目錄의 意義

Ⅲ. 目錄의 種類

Ⅳ. 標目과 著錄의 種類

I. 圖書館資料의 組織節次

圖書館은 利用者가 要求하는 情報를 신속하고 정확하게 提供해야 하며, 그러기 위해서는 모든 情報資料를 效果的으로 組織해야만 한다. 여기에서 資料의 組織이 중요한 문제가 되는 것이다.

現代社會의 특징을 들어서 組織社會라고도 하지만 圖書館처럼 組織의 必要性이 강조되는 分野도 드물 것이다. 圖書館에서의 組織은 두 가지 의미가 있다. 즉 第1의 組織은 管理運營 上의 組織이며, 第2의 組織은 資料의 組織이라고 볼 수 있다. 管理運營 上의 業務가 組織化되면 그 業務의 중요한 柱軸이 되는 資料의 處理法도 이에 따라 組織化가 요구되는 것이다. 그 組織에 따라서 資料를 정리하지 않으면 情報資料의 蓄積과 檢索과 이용은 迅速性과 正確을 기대할 수가 없는 것이다. 그러므로 資料의 組織化는 圖書館의 기능을 形成하는 基礎的 構造인 것이다. 現代 圖書館의 資料의 組織은 이미 Computer에 의해서 自動化되고 있는 圖書館도 점차 증가하고 있으나 그 基本構造는 종래의 組織體系를 일단 거쳐서 Computer에 入力되기 때문에 이를 正確히 把握해야 할 것이다.

그러나 종래의 組織體系도 그 과정을 구체적으로 상세히 說明하기는 곤란하나 대체로 그 概要를 설명하자면 다음과 같다. (제1도 參照)

① 다음 페이지의 圖示에서 보는 바와 같이 圖書館에저 國內外의 出版圖書에 관한 情報資料(出版目錄 類)를 근거로 文獻을 選擇하여 List를 작성해서 所定의 行政的 決裁를 거쳐서 書店이나 또는 出版

社에 注文하면 이에 따라 冊이 購入되고, 또는 다른 情報機關에서 寄贈되는데 이때 檢收하여 異常이 없으면 購入圖書에 대한 代金이 支拂된다.

[제1도]

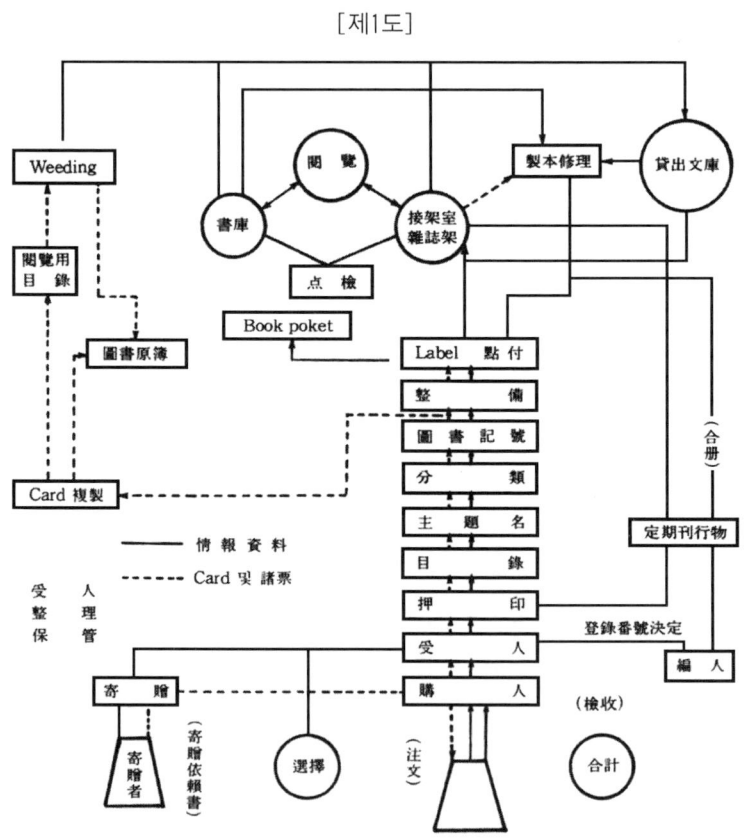

이상의 圖式은 日本圖書館協會編 「圖書館ハンドブック」(1963)에 提示된 것으로 이것은 모든 圖書館에 적용시킬 수 있다고 보고 있다.

② 購入手續이 끝나면 우리나라의 경우 고유의 登錄番號를 決定하여 收書帳簿의 해당부분과 그 圖書自體의 標題紙裏面에 記載한다.

③ 다음은 標題紙의 上半部 中央에 藏書印을 찍고 책의 가장자리

3面에도 藏書스탬프를 찍는다.

　④ 이 圖書가 整理部署에 넘겨지면 각 圖書의 分類番號와 圖書記號(文獻記號)를 결정한다.

　⑤ 우선 基本著錄 Card 또는 基本單位 Card(unit card)를 작정하는 순서가 된다. 이때에 基本標目과 필요에 따라서는 主題名標目까지 決定되어야 한다. 이러한 要件이 결정되어야만 基本著錄 Card에 있어서의 標目指示事項(tracing)이 決定되기 때문이다.

　⑥ 基本著錄카아드가 완성되면 여기에 指示된 標目指示事項에 따라 필요한 數의 Card를 複製하고 각각 副出標目을 記載하여 그에 해당되는 位置에 각각 排列한다. 동시에 圖書原簿에 登載한다.

　⑦ 각 圖書는 書背에 請求番號를 記載하고, 冊 表紙裏面에 Book pocket를 添附하는 등 圖書의 整備가 끝나면 書庫에 排列한다. 이상과 같은 節次에 의해서 資料의 整備는 끝나는 셈이다. 그러나 이것은 一般的인 圖書에 限한 것이고, 定期刊行物이나 非定期連續刊行物의 경우는 우선 購入節次가 끝나면 藏書印을 찍고 Check List에 入手表示를 하고 定期刊行物室에 備置하여 閱覽시키고 1年이 지난 연후에 卷號數에 맞추어 合冊製本하고 그것을 다시 일반적인 圖書整理節次와 동일한 節次를 밟아서 정리한다.

　本書에서는 이상에서 설명한 圖書館資料 의 組織節次 中에서 受書나 分類法 등은 除外하고 주로 目錄의 編成方法을 설명하고자 한다. 그러나 그에 앞서 第1章과 第2章에서는 目錄의 意義와 種類, 標目의 意義와 著錄의 種類, 目錄規則의 意義와 그 發生, 英美 系의 主要 目錄規則의 變遷過程, 韓國의 目錄規則 등 目錄의 編纂에 관련된 기초적인 문제들을 설명하고 第3章과 第4章에서는 실제의 目錄作成法 즉 著錄作成에 있어서의 書誌記述法과 標目의 選定 및 主題名標目法 등을 설명하고자 한다.

II. 目錄의 意義

圖書館은 圖書를 비롯한 各種의 情報資料를 蒐集, 整理, 保管하여 讀書, 調査, 硏究에 이바지하기 위해서 組織 運營되는 社會機關이다. 그리하여 圖書館에서는 방대한 情報資料를 蒐集해서 整理하여 保管하게 되는 데 이와 같이 많은 情報資料 가운데 利用者들이 필요한 情報資料를 신속하고 정확하게 檢索하여 效果的으로 利用할 수 있도록 대비해야 한다. 그리하여 이 방대한 容積을 차지하고 있는 資料의 實物 대신에 이를 간단한 形態의 것으로 集約하여 다른 形式으로 表現해서 편리하게 通覽할 수 있는 道具를 考案한 것이다. 이러한 道具를 目錄이라고 한다. 다시 말하면 圖書館의 目錄은 利用者와 情報資料를 매개하는 하나의 檢索用道具인 것이다.

이와 같은 發想으로 古代로부터 현재에 이르기까지 수많은 目錄이 작성되어 이용되어 왔으며 目錄作成法도 歷史와 더불어 새로운 硏究와 改善이 거듭되어 왔다. 그리하여 현대의 目錄은 필요한 文獻을 편리하게 檢索할 수 있도록 일정한 規則과 形式에 따라서 각종의 필요한 事項과 要目을 면밀하게 기록해저 체계적으로 배열하게 된 것이다.

그리하여 종래에는 目錄에 대하여 "일정한 계획에 따라서 編成된 圖書 地圖 및 기타의 書目(list)"[1]이라고 定義하였다. 그러나 最近에는 "目錄,이란 專門的이며 統一的인 構成原理에 따라서 그리고 典據

---

1) *ALA Glossary of Library Terms.* Chicago, ALA, 1943.

File의 統整 下에 作成된 한 圖書館이나 圖書館 群에 所藏된 (情報) 資料를 묘사하는 書誌的 記錄의 File이다"2)라고 보다 具體的으로 그리고 보다 專門的으로 定義하고 있다. 또한 "目錄이란 넓은 意味로는 展示目錄이나 商品目錄과 같이 특별한 目的을 위해서 마련된 資料의 일람표(list)"3)를 의미한다.

A. 目錄의 語意

한편 目錄의 語意를 말하면 東洋의 경우는 '目'은 冊의 篇次와 要目을 條列하는 것(條其篇目)을 의미하고, '錄'은 그 冊의 要旨를 간추려서 記述하는 것(撮其旨意)를 의미한다.4)

英語의 Catalog라는 낱말은 Greek語의 Kata logos라는 語句에서 由來한 말이다. 여기에서 Kata는 "by" 혹은 "according to"를 의미하고, "logos"는 말(word)이나 順序(order) 혹은 理性(reason) 등과 같은 多樣한 의미를 가진다. 그러므로 Catalogue는 要目(contents)이 일정한 계획(plan; order)에 따라서 혹은 단순히 낱말(word) 순에 따라서 合理的(reasonable)인 方法으로 編成된 著作(work)이라고 볼 수 있을 것이다.5)

---

2) *The ALA Glossary of Library and Information Science*. ed by Heartsill Young. Chicago, ALA, 1983.
3) *loc. cit.*
4) 姚名達 著, 目錄學. 臺灣, 商務印書館, 民國62(1973) p.6.
5) Strout, Ruth French(ed). *Toward a Better Cataloging Code*. Chicago, University of Chicago Press, 1957, p.4.
   Kumar, Girja and Kumar, Krishan. *Theory of Cataloging*. 3rd. ed. New Delhi, Vikas Publishing House, 1975, p.1.

B. 目錄과 目錄學

目錄과 관련하여 槪念의 혼돈을 가져올 가능성이 있는 몇 가지 用語가 있다. 그것은 目錄과 編目, 目錄과 目錄學, 目錄과 書誌, 書誌와 書誌學이다. 編目은 目錄을 記述하고 編成하는 과정 또는 그 作業을 의미한다. 그리고 英語로는 目錄을 Catalog라고 하고, 編目은 Cataloging이라는 動名詞를 사용한다.

目錄과 目錄學은 그 意味가 서로 전혀 다르다. 前項에서 말한 바와 같이 目錄은 "冊의 篇次와 要目을 條列해서(條其篇目) 그 冊의 要旨를 간추려 記述한 것(撮其旨意)" 또는 "情報資料의 檢索用道具"이지만 目錄學은 中國의 淸代末期에 출현한 學問의 名稱으로서 "여러 冊을 分類하고 異同을 區分하며, 大意를 밝히고, 同類를 疏通시키며 學術을 分析하고 源流를 探究해서 사람들로 하여금 冊을 용이하게 얻어 볼 수 있도록 硏究하는 專門學術"6)이다. 다시 말하면 目錄學은 現代的인 觀點에서 보면 現代圖書館學 또는 文獻情報學의 源流라고 볼 수 있다. 따라서 目錄과 目錄學은 그 槪念이 전혀 다른 것이다.

書誌는 目錄과 마찬가지로 情報資料의 檢索用道具로서 같은 意味로 통용되는 경우도 있다. 그러나 書誌와 目錄이 다른 점은 目錄이 주로 圖書館 등의 所藏資料의 檢索用道具인데 비하여 書誌는 예를 들면 일정한 著者에 의한 書目이나 일정한 主題에 관한 書目이나 혹은 일정한 場所 또는 機關에서 出版된 書目 등 주로 冊子形態나 Micro形態를 가지는 情報探索用媒體이다.

書誌學(bibliography)은 18世紀末葉부터 France에서 胎動한 學問名稱으로서 본래 '冊을 쓰는 것'(writing of books)이었는데 18世紀末葉부터 '冊에 관해서 쓰는 것'(writing about books)으로 그 意味가 變換되었으며, 동시에 이에 대한 學問이 胎動한 것이다.7) Walter

---

6) 許世瑛 編著. 中國目錄學史. 臺北, 華岡出版有限公司, 民國 43(1954) p.4.

Greg에 의하면 "書誌學은 資料的인 對象으로서의 圖書에 대한 硏究"8)라고 한다. 다시 말하면 書誌學은 圖書를 資料的인 측면에서 硏究하는 學問이라는 것이다. 따라서 書誌學은 東洋 在來의 目錄學과 대등한 것이다.9)

7) Stokes, Roy B. *The Function of Bibliography*. London, Ardre Deutsch, 1969. p.12.
8) *loc. cit.*
9) 長澤規矩也. 書誌學序說. 東京, 吉川弘文館, 照和 40(1965), p.7.

III. 目錄의 種類

　圖書館의 目錄은 우선 形態 上으로 보면 Card式 目錄, 冊子式 目錄, 加除式 目錄, 電子式 目錄 등으로 區分할수 있으며, 利用目的이나 機能 上으로 보면 事務用 目錄과 閱覽用 目錄으로 區分할 수 있다.

A. 形態上의 種類

1) Card式 目錄

　Card式 目錄은 個個의 文獻에 대하여 Card 一枚의 單位로 獨立的으로 기록하여 일정한 規則에 따라서 排列한 目錄을 의미한다. 이 Card 目錄은 每 Card마다 文獻에 대한 기록이 獨立되어 있으므로 새로운 記錄를 언제나 追加하여 필요한 位置에 排列할 수 있고, 불필요한 것은 언제나 손쉽게 除去할 수 있으므로 事務 上 능률적이고 이용에 편리하기 때문에　現代圖書館의 주요한 目錄은 거의 다 Card式 目錄을 사용하고 있다. 또한 이 目錄에 쓰이는 Card는 앞 페이지의 그림과 같이 그 規格이 國際的으로 標準化되어 있기 때문에 그것이 어디에서 製作된 것이든 또는 그것이 印刷된 Card이든 白紙 Card에 筆寫된 것이든 모든 圖書館에 다같이 通用될 수 있다.

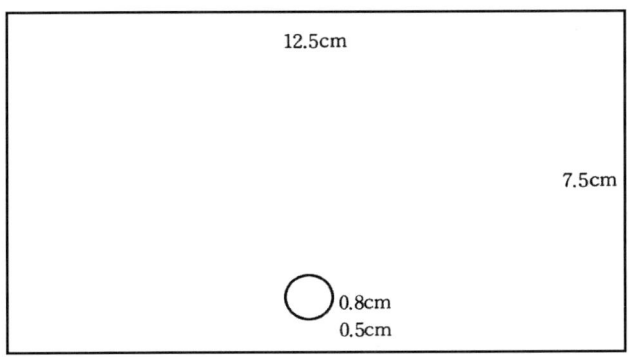

2) 冊子式 目錄(Book Form Catalog)

冊子式 目錄은 그 形態 上 주어진 名稱으로서 文獻에 대한 單位記錄이 한 紙面에 여러 개의 項目이 列擧되어 冊子로 編纂된 目錄을 의미한다. 현대의 Card式 目錄이 사용되기 이전에는 圖書館의 目錄도 주로 冊子式이 사용되었다. 그러나 冊子式 目錄을 圖書館에서 文獻의 檢索을 위한 道具로 사용할 경우 文獻에 대한 記錄을 어떠한 方法으로 하든 일단 記錄되면 項目의 排列位置를 변경시킬 수 없으므로 檢索이 불편하기 때문에 현대에는 閱覽用 目錄으로는 사용되지 않는다. 한편 현 내에도 財産 一覽表으로서의 圖書原簿 등은 冊子式으로 되어 있으며, 한 圖書館의 所藏資料를 널리 배포하여 알리기 위한 藏書目錄이나, 한 出版社나 한 國家單位의 年間出版狀況을 널리 알리기 위한 出版目錄 등은 印刷된 冊子式 目錄이다.

3) 加除式目錄(Loose-leaf Catalog)

加除式 目錄이란 종이의 1面 또는 兩面에 여러 項目의 著錄을 기입하여 假綴할 수 있도록 考案된 것으로 名稱 그대로 필요에 따라서

각각의 낱장을 揷入할 수도 있고 그것을 빼낼 수도 있다는 點에서저 주어진 이름이다. 그러나 이러한 方法은 그것이 필요에 따라서 加除가 가능하다 할지라도 著錄의 標目을 일정한 順序에 따라서 排列할 수 없기 때문에 현대에는 閱覽目錄으로는 사용되지 않으며 圖書購入帳簿 또는 受書帳簿로 事務用으로 사용되는 경우가 많다.

4) 電子式 目錄

最近에는 특수한 圖書館에서는 檢索의 迅速性을 고려해서 Punch Card나 磁氣 Tape에 轉記한 形態의 目錄도 작성되고 있다. 그러나 그 著錄內容은 Card式의 記載事項 등이 基本이 되고 있다.

B. 機能上의 種類

1) 事務用目錄

事務用 目錄은 名稱 그대로 事務管理 上 필요한 것으로 각각의 情報資料에 대한 記錄을 의미한다. 일반적으로 情報資料에 대한 目錄이라는 의미에서는 資料受入記錄이라고도 볼 수 있는 受書帳簿나 圖書原簿, 그리고 書架 上의 情報資料의 點檢에 주로 사용되는 書架目錄(shelf-list), 基本著錄의 標目의 統一을 기하기 위해서 編成되는 典據File 등이 이에 包含된다. 그러나 目錄作成과 그 管理 上의 기초가 되는 것은 基本目錄이다. 일반적으로 이것을 "事務用目錄"이라고 하지만 정확히 표현하자면 "事務用基本目錄"이라고 해야 할 것이다. 그러므로 基本目錄이나 事務用目錄은 결국 동일한 것을 의미한다.

圖書館에 따라서는 基本目錄을 별도로 편성하지 않고 書架目錄을 基本目錄으로 代用하는 圖書館이 있으나, 原則的으로 말하면 書架目

錄은 그 排列 順이 資料의 書架 上의 排列 順(즉, call number順)과 동일한 것이며 基本目錄은 基本著錄의 標目의 語順에 따라서 排列되는 것이므로 書架目錄과는 그 排列이나 機能이나 目的이 전혀 다른 것이다.

2) 閱覽用 目錄

閱覽用 目錄은 주로 利用者의 資料檢索用 道具로서 이것은 索引으로서의 기능이 重視된다. 學術用語로는 閱覽用 目錄이지만 이를 간단히 閱覽目錄 또는 "公用目錄"(Public catalog)이라고 한다. 閱覽目錄은 그 構成要素가 되는 著錄의 標目의 종류와 編成과 排列에 따라서 다음과 같은 여러 가지 종류가 있다.

a) 著者目錄(Author Catalog)

利用者로 하여금 著者 名이나 編者 名 또는 譯者 名에 의해서 資料를 檢索할수 있도록 하기 위해서 著者 名, 編者 名 또는 譯者 名을 標目으로 하여 그 標目의 가나다順이나 Alphabet順으로 排列된 目錄이다.

b) 書名目錄(Title Catalog)

利用者로 하여금 書名이나 標題 名에 의해서 情報資料를 檢索할 수 있도록 하기 위해서 書名이나 標題 名을 標目요로 하여 그 標目의 가나다順이나 Alphabet順에 의해서 排列된 目錄이다.

c) 著者, 書名目錄(Author & Title Catalog)

이것은 著者 名이나 編者 名이나 譯者 名 그리고 書名이나 標題 名에 의해서 資料를 檢索할 수 있도록 하기 위해서 이들을 混合하여 가나다順이나 Alphabet順으로 排列한 目錄이다. 다시 말하면 이상에서 설명한 著者目錄과 書名目錄을 混合하여 하나의 體系로 排列한 目錄을 의미한다.

d) 主題目錄(Subject Catalog)

主題目錄은 資料의 主題 또는 그 內容을 표시하는 用語에 의해서 資料를 檢索할 수 있도록 하기 위해서 主題 名을 標目으로 하여 그 標目의 가나다順이나 Alphabet順으로 排列한 目錄이다. 日本에서는 이를 件名目錄이라고도 한다.

e) 辭典體目錄(Dictionary Catalog)

이 目錄 은 著者 名이나 書名이나 主題 名 가운데 어느 것에 의해서든 資料를 檢索할 수 있도록 하기 위해서 이상에서 설명한 著者目錄, 書名目錄 및 主題目錄을 綜合하여 하나의 排列體系로 編成한 目錄이다. 마치 辭典이나 百科事典처럼 著者 名, 書名, 主題 名 등을 區分하지 않고 모든 項目을 하나의 가나다順이나 Alphabet順에 의해서 排列하기 때문에 주어진 名稱이다.

f) 分類目錄(Classified Catalog)

分類 目錄은 文獻의 分類體系나 學術文化의 分類體系의 槪略을 理解하고 있는 利用者로 하여금 分類記號에 의해서 필요한 文獻을 檢索할 수 있도록 하기 위해서 當該圖書館에서 사용하고 있는 分類表의 分類記號 順에 따라서 排列한 目錄이다. 그러나 分類目錄은 理論上 分類番號에 의해서 排列된다고 하지만 實際에 있어서는 동일한 分類番號를 가지는 文獻이 많으므로 그 다음 段階는 文獻記號(著者記號)順에 따라서 排列된다.

따라서 이러한 의미에서는 請求番號目錄이라고 볼 수 있으며 이러한 點에서는 書架目錄의 排列과도 類似하다. 그러나 分類目錄이 書架目錄과 다른 點은 書架目錄은 한 가지 종류의 文獻에 대해서 基本

的인 分類番號가 주어진 단 하나의 Card가 排列되지만 分類目錄에
는 한 가지 종류의 文獻에 대해서 각각 다른 分類番號가 주어진 여
러 장의 Card가 排列되는 경우가 있다. 그 理由는 한 文獻이 두 가
지 이상의 主題를 包括했을 경우 基本分類番號 Card 이외에 별도의
다른 分類番號 Card를 작성해서 分類目錄에 排列하게 되며, 全集이
나 叢書는 全集 名이나 叢書 名으로 基本著錄을 작정했을 경우 叢書
全帙에 걸친 分類番號 Card 이외에 叢書 中의 각 낱卷 自體의 分類
番號 副出Card를 작성하여 排列해서 보다 細分된 分類記號에 의해
서 檢索할 수 있도록 하기 때문이다.

　分類目錄을 編成하는 圖書館에서는 當該圖書館에서 사용하는 分類
番號槪要表를 分類目錄 가까이 편리한 位置에 揭示하거나 主題名索
引을 備置하는 것이 바람직하다.

　이상에서 설명한 이외에도 目錄을 區分하거나 종류를 열거할 경우
分割目錄(divided catalog)과 綜合目錄(union catalog)이라고 하는 것이
있다.

　分割目錄은 著者目錄, 書名目錄, 主題目錄 등을 각각 獨立시켜서
排列한 目錄體系를 말한다. 이 경우 著者書名目錄을 하나의 體系로
하고 主題目錄을 별도로 分割해서 排列하는 경우도 있고, 主題書名
目錄을 하나의 體系로 하고 著者目錄을 별도로 分割하여 排列하는
경우도 있다.

　綜合目錄은 數個의 圖書館이 協定하여 각각의 所藏資料全體나 혹
은 어느 特定主題分野의 資料를 하나의 體系로 綜合하여 編成한 目
錄을 말한다. 綜合目錄에 收錄되는 資料에는 所藏館名이 표시된다.
또한 綜合目錄은 주로 印刷하여 製冊된 冊子目錄으로서 資料의 相互
關係와 Reference 道具로서 필요하며 資料의 情報 源으로서 중요한
것이다.

IV. 標目과 著錄의 種類

A. 標目의 意義

　目錄은 情報資料를 신속하고 正確하게 檢索하기 위한 標識이므로, 우선 情報를 찾고자 하는 利用者가 최초에 接近하게 될 檢索項目을 基準으로 삼아서 그에 따른 記錄을 작성해야 한다. 그런데 情報資料는 항장 동일한 形式이나 體裁로만 著述되거나 출판되는 것은 아니다. 따라서 하나의 情報資料에 있어서도 利用者들의 檢索을 위한 接近點이 될 수 있는 項目이 반드시 한 가지만 있는 것이 아니라 著者名이나 編者 名 또는 書名이나 主題 名 등 여러 가지가 있으므로 그 가운데 어느 것을 檢索 項目으로 결정하느냐 하는 것이 문제가 된다. 또한 만약 이 가운데 어느 한가지만을 檢索 項目으로 결정했을 경우 利用者들은 기타의 項目에 의해서는 檢索할 수 없게 된다.

　그리하여 圖書館에서는 著者 名, 編者 名, 譯者 名, 書名, 叢書 名, 主題 名 등 이들 가운데 무엇에 의해서든 동일한 情報資料를 檢索할 수 있도록 하기 위해서, 이들을 각각의 標出項目으로 하여 그에 따른 著作事項을 記錄한 Card를 필요한 만큼 여러 장 작성하고 이들을 標出項目의 語順에 따라서 각각 排列하도록 考案한 것이다. 여기에서 檢索의 接近點이 되는 이 標出項目을 標目(heading)이라고 한다. 그리하여 「英美目錄規則」에서는 標目을 "目錄에 있어서의 接

近點을 提示하기 위해서 目錄記錄의 첫 머리에 놓인 한 人名이나 낱
말이나 혹은 語句"10)라고 定義하고 있다.

B. 書誌的記述(Bibliographic Description)

前項에서 說明한 標目의 문제가 解決되면 다음은 각각의 標目 下
에서 무엇을 記錄하여 그 資料를 識別하게 하고 理解하게 할 것인가
하는 것이 문제가 된다.

個個의 文獻에 대한 記錄方法은 여러 가지가 있다. 詳細한 것은 하
나의 論文이나 單行本著書를 이루는 것 또는 隨筆式이나 感賞文式으
로 기록되는 것도 있는 반면에 간단한 것은 一行 이내로 記錄되는 것
도 있다. 또한 文獻에 대한 解說과 評價에 관한 要點을 기록한 것을
書誌解題라고 하는데 이 解題도 紹介하고 解說하기 위한 것, 批評하
고 評價하기 위한 것, 詳細한 것, 간단한 것 등 여러 가지가 있다. 이
러한 解題를 더욱 간단히 기록하여 수많은 文獻에 대한 각각의 記錄
을 일정한 體系로 排列한 것을 目錄이라고 할 수 있을 것이다.

目錄이 文獻에 대한 엄밀한 記錄이라는 面에서는 比較的 詳細한
記錄을 요하며 情報檢索用 道具라는 點에서는 檢索에 필요한 간단한
記錄만을 요한다. 그러므로 이 두 가지 要件을 갖추기 위해서는 文
獻을 완전히 識別할 수 있는 범위에서 가능한 한 간단히 기록되는
것이 바람직하다.

文獻에 대한 記錄으로서의 가장 基本的인 要素는 그 文獻의 固有
한 名稱으로서의 書名이나 題目, 그리고 그것을 著述한 著者 名이다.
그러나 書名이나 著者 名만으로는 다른 著作과 구별되지 못하는 경
우가 있으므로 이를 구별하기 위해서 版次나 出版地, 出版社, 出版年

---

10) *Anglo-American Cataloging Rules. op. cit.* p.345.

度 등의 發行 事項이 필요하며, 文獻의 부피나 크기 등의 形態記述
事項 등도 書誌的인 觀點에서 필요하다.

그리하여 이러한 事項의 記錄順次와 形式 등을 目錄規則이 定하는
바에 따라서 기록하게 되는데 書誌的記述(bibliographic description)
은 ISBD(M)에 의하면 "出版物을 기록하고 識別하는 일단(set)의 書
誌데이타"11)라고 정의하고 있는데 이것은 약간 애매한 감이 있다.

그리하여 이를 좀더 부연한다면 한 文獻에 대한 目錄記述 가운데
標目을 제외하고 書名著者表示事項, 版次事項, 發行事項, 形態記述事
項, 註記事項, ISBN 裝幀價格 등 그 文獻을 書誌的으로 識別할 수
있게 하는 記述事項을 의미한다.

C. 著錄(Entry)의 意義

著錄은 英語의 Entry에 해당하는 말이다. 目錄에 있어서 英語의
Entry를 日本에서는 "記入"(カキイレ) 라고 번역하고 있으며, 近年에
우리나라에서도 한때 이를 記入이라고 통용해 왔다. 그러나 우리나
라에서 이를 "著錄"12)이라는 말로 사용한 바 있고 中國에서도 이를
"著錄"이라고 하는데 이 用語의 概念과 語感이 우리에게 알 맞는다
고 생각되며, 圖書館界 이외의 다른 사람들에게도 認知性이 있다고
판단되기 때문에 筆者는 이를 "著錄"으로 통용하고자 한다.13)

「英美目錄規則」初版에 의하면 著錄(entry)이란 "目錄 또는 List에

---

11) International Federation of Library Association. *ISBD(M)-International Standard Bibliographic Description for Publications*. First Standard ed. 1974, p.11.

12) 閔泳珪. 新羅章疏錄長編, 不分卷. 佛教學論文集. 白性郁博士頌壽記念事業會編. 서울, 東國大學校, 1959, p.347, 349.

13) 鄭駜謨. 韓國目錄規則의 問題點과 그 改訂의 前提. 도서관. 서울, 국립중앙도서관, 1974. 6. pp.6~8.

있어서의 하나의 書誌的인 實體에 대한 記錄"이라고도 하여, "目錄 또는 List에 있어서 그 밑에 하나의 書誌的인 實體에 대한 記錄이 표시되는 標目"14)이라고 定義하고 있다.

이에 따르면 Entry는 目錄에 있어서의 標目만을 指稱하는 경우도 있고, 「標目＋書誌的記述事項」을 의미하는 경우도 있는 것이다. 그러므로 우리나라에 있어서 前者를 의미하는 경우는 '標目'이라고 하고 後者를 의미하는 경우는 '著錄'이라고 하는 것이 좋을 것이다.

한편 圖書館Card目錄의 경우 著錄에는 左側 맨 머리에 請求記號 가 記載되고 書誌的記述事項 다음에 註記事項을 記述하는 경우도 있고, 事務用 目錄이나 單位(unit) Card인 경우 標目指示事項 등이 記載되는데 이들은 모두 "하나의 書誌的인 實體에 대한 記錄"으로서 '著錄'의 한 부분이라는 槪念으로 보아야 할 것이다. 그러므로 著錄 은 目錄을 이루는 한 基本單位라고 할 수 있다.

D. 기본著錄(Main Entry)

目錄이 단순히 情報資料를 檢索하기 위한 道具로서 利用者들의 接近이 가능한 모든 項目을 標目으로 하여 그에 따른 著作事項을 기록한 Card를 필요에 따라 作成하고 이를 標目의 語順에 따라서 排列한다 할지라도 이러한 Card를 작성하는데 基本이 되는 記錄Card가 필요하다. 例를 들면 事務用 目錄이나 書架目錄 등은 하나의 文獻에 대해서 한가지의 완전한 記錄만이 필요하며, 더구나 事務用 目錄은 目錄作業의 管理 上의 기초가 되는 것으로 하나의 文獻에 대해서 어떠한 標目으로 몇 가지의 Card가 작성되었는지를 把握할 수 있어야 한다.

---

14) *Anglo-American Cataloging Rules. North American text.* Chicago, ALA, 1967, p.345.

이와 같이 文獻을 檢索하고 識別하는 데 필요한 모든 事項을 가장 基本的으로 기록한 著錄을 基本著錄 또는 基本 Card라고 한다.

그리하여 英美目錄規則에서는 基本著錄을 "그 實體에 의해서 統一的으로 識別되고 인용되도록 하는 形式으로 표시된 하나의 書誌的 實體에 대한 완전한 目錄記錄"15)이라고 定義하고 있다. 다시 말하면 基本著錄 이외의 모든 標目 下에서도 그 書誌的인 實體에 대한 記錄이 統一的으로 識別되고 인용되도록 표시된다는 것을 의미한다.

그리고 이 基本 Card만을 그 標目의 語順에 따라서 排列한 目錄을 基本目錄이라고 하며, 이를 事務用으로 사용하기 때문에 事務用 基本目錄이라고도 하는 것이다.16)

E. 補助著錄(Additional Entry)

補助著錄은 基本著錄을 補助하는 著錄이라는 의미에서 주어진 名稱이다. 基本著錄은 個個의 文獻에 대해서 반드시 한가지의 記錄 Card가 작성되지만, 이것으로써는 利用者들의 情報資料 檢索에 있어서는 불충분하다. 基本著錄의 標目은 주로 原著者 名이 되므로, 利用者가 譯者 名(번역서의 경우)으로 檢索하고자 하거나 書名이나 主題 名에 의해서 檢索하고자 할 경우에도 이에 따라 檢索될 수 있도록 마련되는 것이 바람직하다. 그리하여 譯者, 書名, 主題 名 등을 標目으로 한 Card를 작정하여 그 標目의 語順에 따라서 排列하게 된다.17)

이와 같이 基本著錄의 標目 이외의 檢索의 接近點이 되는 著者 名이나 譯者 名이나 主題 名 등이 있을 경우 이러한 것을 標目으로 한 著錄을 補助著錄이라고 한다. 英美目錄規則에서는 補助著錄을 "하나

---

15) *loc. cit.*
16) 本書 Ⅱ章 目錄의 種類(p.3) 參照.
17) 本書 Ⅱ章 目錄의 種類(p.3)와 Ⅷ節 A項 標目의 意義(p. 43) 參照.

의 目錄에 있어서 그 (標目) 밑에 書誌的인 實體가 提示되는 것으로
서, 基本著錄에 대한 付加的인 著錄: 第2次的인 著錄"18)이라고 定義
하고 있다.

補助著錄에는 副出著錄, 分出著錄 및 參照 Card의 3종이 있다.

1) 副出著錄(Added Entry)

副出著錄은 基本著錄의 標目 이외의 共著者 名, 譯者 名, 書名, 主
題 名 등을 標目으로 하는 著錄을 의미한다. 그리하여 AACR에서는
副出著錄을 "한 目錄안에서 書誌的인 實體가 代表的으로 표시된 基
本著錄 이외에 이를 補完하는 著錄으로저 第2次的인 著錄19)"이라고
定義하고 있다.

副出著錄을 보다 具體的으로 말할 경우는 共著者 名을 標目으로
한 副出著錄을 著者副出著錄이라고 하며, 譯者 名을 標目으로 한 것
을 譯者副出著錄, 書名을 標目으로 한 것은 書名副出著錄, 主題 名을
標目으로 한 것은 主題副出著錄이라고 한다.

2) 分出著錄(Analytical Entry)

"分出著錄"이란 다른 包括的인 著錄이 이미 작정된 한 全集이나
叢書나 한 連續刊行物이나 기타의 書誌的인 單位 속에 收錄된 한 著
作이나 著作의 한 部分을 위한 著錄을 의미한다. 그러므로 分出著錄
은 보다 큰 著作에 대한 目錄의 한 部分이 되는 分離된 獨自的인 著
錄이 될 수도 있고 그 副出著錄이 될 수도 있다."20)

한 文獻이 複數著者에 의한 複數의 獨立的인 著作으로 구성되어

18) *Anglo-American Cataloging Rules*. op. cit. p.343. (additional entry).
19) *loc. cit.* (added entry).
20) AACR. op. cit. p.228, 343. (analytical entries).

하나의 종합적인 書名을 가지는 경우나 또는 叢書나 全集의 경우는 그것을 編輯한 編者 名이나 또는 綜合書名을 標目으로 基本著錄이 작성되고 필요에 따라서 副出著錄이 작성된다.

따라서 여기에 收錄된 각 部分의 著者나 각 著作의 標題 또는 主題 名은 標目으로 나타나지 않으므로 利用者들로 하여금 이러한 事項에 의해서도 自己가 원하는 情報資料를 檢索할 수 있도록 이러한 個個의 項目을 標目으로 한 Card를 작성하여 排列해 줄 필요가 있는 것이다. 이러한 著錄을 分出著錄이라고 하며 分出著錄에는 著者分出, 標題分出, 主題 名 分出 등이 있다.

3) 參照Card

目錄에 있어서 參照란 "한 標目(heading)이나 著錄(entry)으로부터 다른 하나의 標目이나 著錄으로 指示하는 것"21)을 의미한다. 그리하여 參照Card는 人名이나 團體 名 또는 書名이 두 가지 이상의 兩者擇一式으로 사용될 경우, 또한 그 중의 어느 하나가 著錄의 標目으로 採擇된 경우에 採擇되지 아니한 事項에서도 이미 採擇된 標目으로 檢索할 수 있도록 案內해 주는 Card를 말한다. 한 例를 들면 文學家 「李光洙」는 그의 雅號인 「春園」으로써도 널리 알려져 있으며, 그 著作의 標題 上에 本名이 記載되는 경우도 있고 雅號가 記載되는 경우도 있다. 이러한 경우 「이광수」를 基本著錄의 標目으로 하고 「춘원」에서는 「이광수」를 찾도록 指示하는 것이다.

參照Card에는 이러한 著錄의 標目으로 採擇되지 아니한 項目에서 採擇된 다른 標目으로 案內해 주는 「보시오」 하는 Card가 있고, 또한 서로 관련된 標目 사이에 相互參照하도록 하는 「도 보시오」라고 하는 參照Card가 있다.

---

21) *AACR. op. cit.* p.346. (reference)

第2章 目錄規則과 그 變遷

Ⅴ. 目錄規則

Ⅵ. 現代의 主要目錄規則

Ⅶ. 韓國의 目錄規則

V. 目錄規則

A. 目錄規則의 意義

目錄規則이란 目錄을 작성하고 編成하는 데 필요한 規則을 의미한다. 目錄을 작성하고 編成하는 과정을 編目이라고도 하는데 이러한 論理에서 엄밀히 말하면 編目規則이라는 말이 妥當할 것이다. 그리하여 中國에서는 현재도 「編目規則」[1]이라고 通用되고 있으며, 우리나라에서도 일찍이 "編目規則"이란 用語로 通用된 바 있다.[2]

그러나 현재는 "目錄規則"으로 통용되고 있으므로 여기에서는 用語 上의 混沌을 피하기 위해서 目錄規則이라고 통용하기로 한다.

目錄을 작성하는 데 있어서 가장 基本的인 것은 ① 각 文獻에 대해서 무엇을 記載하여 그 文獻을 설명하고, ② 무엇을 端緒로 하여 檢索하게 하느냐 하는 것이 문제가 된다. 복잡한 內容과 形式으로 構成된 文獻에 대한 諸 記錄을 Card라고 하는 일정한 面積에 記載하기 위해서는 가장 理解하기 쉽도록 해야 한다. Card排列의 要目이 되는 標目은 어떻게 할 것인가. 書名이나 著者는 어떻게 記載할 것인가. 出版地나 出版者, Page數나 크기 등은 어떻게 표시할 것인가. 이러한 문제에 대해서 目錄作成者가 각각의 경우에 따라서 任意로

---

1) 圖書館自動化作業規劃委員會 中國編目規則研訂小組. 中國編目規則. 臺北, 國立中央圖書館, 民國 72(1983).
2) 朴奉石編. 東書編目規則. 서울, 國立圖書館, 1948.

작성하게 되면 統一的인 정확한 目錄이 되지 못하며, 利用에 불편한 것이 되어 버릴 것이다. 그리하여 目錄의 統一性과 正確性을 기하기 위해서 事 前에 著錄의 작성이나 排列方法 등에 대해서 約束을 定할 필요가 있는 것이다. 그러므로 目錄規則은 이러한 目錄作成과 編成에 있어서의 約束이라고 볼 수 있다.

目錄規則은 개개의 圖書館이 獨自的으로 編纂하기 보다는 全國的으로 通用될 수 있는 立場에서 編纂되는 것이 바람직하다. 全國的으로 어느 圖書館에서나 동일한 規則에 따라서 目錄이 작성되면 利用者에게 더욱 편리하며, 또한 冊子式 目錄을 작성하여 圖書館 相互 間에 交換하거나 綜合目錄(union catalog)을 計劃하는 것도 全國的으로 공통하는 目錄規則이 있으므로 써 비로소 가능한 것이다. 또한 이것이 國際的으로 통용 될 수 있는 것이라면 더욱 바람직할 것이다. 이러한 觀點에서 編纂된, 目錄規則을 標準的 目錄規則이라고 한다.

B. 目錄規則의 發生

目錄規則의 始原을 밝히기는 몹시 곤란하다. 古代의 圖書館에도 目錄이 있었다고 하나 그 體裁와 內容과 形式이 未詳하고 그러한 目錄을 作成하는 데 어떤 成文化된 規則이 있었느냐의 與否는 더욱 알 수가 없다. 그러나 다만 B. C 300年頃 Alexandria圖書館에는 어떤 形態의 目錄規則이 있었을 것이라고 推定하는 것은 無理가 아닐 것이다. Alexandria圖書館에서 Callimachus(B. C. 310~240)가 編纂한 Pinakes 目錄은 10個 部門의 主題 別로 區分된 각 主題 下에 著者名의 Alphabet順으로 排列하고 각 著者에 대해서는 간단한 傳記와 그들의 著作을 列擧하고 각 著作에 대해서는 書名과 그 著作의 첫 句節과 行數를 기재하였다3)고 한다. 이와 같이 일정한 體系와 形式이 갖추어진 目錄을 작성하는 데는 事 前에 일정한 規則이 設定되지

않고서는 불가능할 것이기 때문이다. 그러나 이에 대한 記錄은 발견
할 수 없다.

　다음으로 中國의 漢代에 劉向과 劉歆에 의해서 編纂된 「七略」도
그 編纂에 있어서의 規定이 設定되었을 것으로 推定된다. 또한 西洋
中世의 여러 修道院 圖書館에 있어서의 目錄도 그 分類法, 目錄의
記載形式, 각 文獻에 대한 所在記號의 표시 등이 통일되어 있었으므
로4) 一元化된 分類法과 目錄規則이 있었다는 推定을 굳게 한다. 기
타에도 近世以前에 編成된 目錄들은 각각 일정한 規則 下에서 작성
되었을 것이라고 推定되지만 그 根據를 밝힐 수가 없다.

C. 目錄規則의 必要性

　目錄規則은 ① 利用者로 하여금 目錄을 合理的이고 效果的으로 利
用할 수 있도록 하기 위해서, ② 目錄作業 上 效率性과 一元化된 秩
序를 유지하기 위해서, (a) 目錄의 標目과 그 形式을 一貫性 있게 記
載하고, (b) 記入體의 內容과 形式 및 그 次序를 一貫性 있게 記載
할 수 있도록 體系的인 原則과 指針을 세우기 위해서 必要하다.

　例를 들면 請求番號에 著者記號나 文獻記號法을 採用하는 경우 基
本著錄의 標目을 무엇으로(著者, 書名, 統一標目, 또는 主題 등) 하느
냐 또는 어떠한 形式으로 決定하느냐에 따라서 그 記號가 달라지므
로 文獻의 書架排列이나 書架 目錄 또는 分類 目錄의 排列에 있어서
位置가 달라지며, 標目의 字母順에 따라서 排列되는 閱覽目錄의 경
우도 標目과 그 形式에 따라서 그 排列位置가 달라지므로 이를 一貫
性 있게 目錄을 作成하지 않으면 利用者들의 目錄利用이 불편하다.

---

3) Hessel, Afred. *History of Libraries*. tr. with supplementary materials by
　　Reuben Peiss. 李春熙譯. 西洋圖書館史. 서울, 圖書館協會, 1968, p.12.
4) *ibid*. p. 33.

또한 記入體의 內容과 形式 및 그 記載順次에 있어서도 항상 一貫性
있게 記述하지 않으면 그 識別이 곤란하다. 그러므로 目錄 作成에
있어서 이에 관한 原則과 각각의 細部的인 事項을 명확히 規定하고
항상 이 規定에 따라서 目錄을 作成해야 하는 것이다.

　이러한 目錄規則은 옛부터 各 圖書館마다 그 圖書館의 目錄을 作
成하는데 그 나름대로의 必要한 規則을 定하여 이에 따라 目錄을 作
成한 것으로 생각된다. 그러나 이러한 規則은 점차 數個의 圖書館
群끼리의 統一性을 追求해 왔으며, 또한 이것은 國家單位로 統一性
을 追求하고 드디어는 이것이 國際的 統一의 必要性을 가져오게 한
것이다.

Ⅵ. 現代의 主要目錄規則

19世紀는 圖書館의 發展期였고 目錄法의 發展期였으며, 目錄作成法이 標準化하기 시작한 時代였다고 볼 수 있다. 그리하여 目錄規則은 주로 英美 系에서 制定되기 시작하여 現代의 標準的인 目錄規則의 主流를 이루게 되었다. 現代의 주요 目錄規則의 發展狀況을 槪觀하면 다음과 같다.

A. Panizzi의 目錄規則

現代目錄規則의 '始原은 1841年 Anthony Panizzi卿의 「大英博物館圖書館目錄規則」5)에서 비롯된다. Panizzi卿은 본래 Italy태생으로 1818年 Parma大學을 卒業하고 辯護士가 되었고 1822年 이태리 革命에 가담하였다가 구속되었다. 이듬해 英國으로 亡命하여 런던大學 이태리語 敎授로 있다가 1831年 大英博物館圖書館의 司書로 入館하였다.

Panizzi卿은 入館후에 目錄에 至大한 관심을 가졌고, 1837年 印刷本 責任者로 任命되어 그는 一貫性 있는 目錄作成의 필요성을 切感

---

5) Panizzi, Sir Anthony and Others, *Rules for the Compilation of the Catalogue in Catalogue of Printed Books in the British museum.* London, British Museum, 1841.

하게 되었다. 따라서 그는 유럽 各國의 圖書館에서 情報를 蒐集하
여6)職員들의 도움을 받아 有名한 91條의 目錄規則을 作成하였다.7)

이 規則은 1939年 7月 13日 理事會의 裁可를 받아 1841年에 出
版되었는데, 本來는 79條였으나 理事會의 裁可過程에서 약간 修正되
어 91條로 되었지만 Panizzi卿이 大部分을 草案하였기 때문에 一名
Panizzi目錄規則이라고도 한다.

이 規則의 特徵은 著者 名을 基本著錄으로 하는 原則을 採擇한 것
으로서 이것은 Panizzi가 目錄規則에 끼친 가장 큰 貢獻으로 지적되
고 있다. 그밖에도 參照指示, 각 要目의 記述順序, 目錄의 排列 등을
다루고 있으며, 團體 名을 基本著錄으로 認定하고, 聖書에 대한 統一
標目을 認定한 것과 學術機關, 辭典類, 百科事典, 祈禱書, 定期刊行
物에 대한 形式標目의 使用과 無 著者 名 著作에 대해서 書名을 標
目으로 하는 것 등을 規定하였다.

이 規則은 당시로서는 매우 完璧한 目錄規則으로서 大英博物館圖書
館의 藏書를 整理하기 위한 規則으로 制定된 것이었으나 一館의 使用
에만 그치지 않고 Bodleian, Cambridge 등 大學 圖書館의 目錄編纂
에 많은 영향을 끼쳤고 各國의 目錄作成에 引用되었으며, 그 후에 編
纂된 各國의 目錄規則에 直接 또는 間接으로 많은 영향을 미쳤다.

B. Jewett의 目錄規則

Panizzi卿이 現代目錄規則의 先驅者라면 Challes C. Jewett는 圖書
館組織網을 構想한 共通目錄規則의 創始者라고 할 수 있다. Jewett

---

6) Osborn, Andrew. *Descriptive Cataloging*. Pittsburgh, University of Pittsburgh, 1913, p.8.

7) Thnemouth, W., *A Primer of Cataloging*. Great Britain, Jowett & Sowry, 1952, p.100.

는 1843年 Brown University의 目錄을 위해서 卓越한 alphabet순 主題索引을 準備했고,8) 이 作業이 成功하자 1848年 設立된 Smithsonian Institution의 圖書館長이 되었다. 그는 館長이 된 후 Smithsonian Institution을 美國의 國立圖書館으로 하au, 이 圖書館을 中心으로 美國의 各 圖書館에서 한 冊에 대해서 한번만 目錄을 作成 하는 中央集中式 目錄作成法의 計劃을 수립하고, 그의 構想을 具體 化하여 1853年에 하나의 目錄規則과 함께 刊行하였다.9) 이는 一名 Stereotype Plan이라고도 하며 美國에서는 처음 發表된 것으로서 당 시로서는 劃期的으로 構想된 目錄規則이었다.

Jewett는 規則의 目的은 統一性을 보장하는 것이지만 너무나 精巧 한 規則은 惹起될지도 모르는 모든 困難한 경우에 對備하는 데 적절 하지 못하다고 경고하고, 우선 原則에 立脚해서 成案된 一連의 統一 性있는 規則을 制定하여 설명과 實例로써 補充하는 方法을 追究하였 다.10) 특히 Jewett의 意圖는 동일한 圖書에 대해서 全 美國의 圖書館 들이 각각 별도로 目錄을 준비하게 되기 때문에 浪費되는 費用을 節 減하자는 것이었다. 그는 藏書 萬卷 이상의 어느 일반적인 두 圖書館 내에는 적어도 그 중 1/4은 書名이 같은 圖書라고 評價하고, 이러한 二重 努力을 除去하는 方法은 印刷目錄으로 해결할 수 있다고 생각한 것이다. 그리하여 圖書館 共通의 目錄規則을 정하여 이 規則에 따라 서 각 圖書館은 自館의 受書를 Smithsonian에 報告하고, Smithsonian 은 이를 綜合하여 각 圖書에 대하여 印刷 Card를 準備함으로써 성취 할 수 있다고 提唱하였다.11) 이것이 이른바 Stereotype Plan으로, 이

---

8) Ranz, Jim. *The Printed Book catalogue in American Libraries. 1723~1900.* Chicago, ALA, 1964, p.38.
9) Jewett, Charles C. Smithsonian Report on the Construction of Catalogues of Libraries, and their Publication by means of Separats, Stereotyped Title: with Rules and Examples, 2nd. ed. Washington, The Smithsonian Institution, 1853.
10) Hanson, Eugene R. and Daily, Jay E. "Catalogs and Cataloging", in *Encyclopedia of Library and Information Science.* New York, Harcel Dekker, 1970, p.273.

計劃은 1853年 圖書館人會議에서 자세히 報告되었고 여러 가지의 解決策을 認定받았으나, 1854年 Jewett自身의 Smithsonian과의 관계의 斷絶과 당시의 通信, 印刷關係의 技術不足 등으로 成功하지 못하였다.12)

Jewett의 計劃은 實現되지 못했지만 그의 目錄規則만은 美國에서 最初로 발행된 公刊規則이며 一館에 국한되지 않은 全圖書館의 공통된 目錄規則이라는 점에서 그 意義는 자못 크다 할 것이다. 그는 目錄規則에서 記述의 통일을 期하기 위해서 書名으로부터 記述을 시작하고 標目을 書名의 上段에 놓도록 하여, 처음으로 標目과 記述事項을 分離해서 行을 달리 하였다.13)

C. Cutter의 目錄規則

1876年은 美國 圖書館學史上 대단히 重大한 해였다. 그 해에 美國의 圖書館協會가 創立되었고, Charles Ammi Cutter의 辭典體冊子型 目錄規則이 발행된 해였기 때문이다.

Cutter는 1837年 Boston에서 出生하여 1858年 그가 Harvard神學校(Diviulty School)의 在學時節에 그 學校의 司書로 任命되었으며, Charles Noyes와 공동으로 그 學校의 새로운 筆寫本目錄을 만들었다.14) 그는 卒業 後 1860年에 Harvard大學 圖書館의 司書로 任命되었고 1861年에는 典型的인 印刷本目錄보다는 Card로 된 閱覽目錄(Public catalog)을 만들어야 한다는 것을 提案하였다. 이러한 目錄의

---

11) Ranz, Jim, *op. cit.* p.47.
12) *ibid.* p.48.
13) Jewett, Charles C. *op. cit.* p.52.
14) Immroth, John Phillip. "Cutter, Charles Ammi", in *Encyclopedia of Library and Information Science*, V. 6. New York, Marcel Dekker, Inc., 1971, pp.380~381.

形態는 그 후의 辭典體目錄에 대한 準備였다고 한다. 그는 1868年 Boston Athenaeum圖書館의 館長으로 選出되었는데 그는 이때부터 當 圖書館을 위한 새로운 目錄의 필요성을 切感하였다. 따라서 그는 當 圖書館의 藏書에 대한 冊子式 辭典體目錄 作業을 시작하여 1874 年에 第1卷을 내고, 1882年에 第5卷을 발행하였다. 이 目錄은 3402 페이지에 달하는 방대한 것으로서 Athenaeum圖書館의 약 9萬卷의 藏書를 收錄하고 있다. 이 目錄은 또 한 최초의 代表的인 辭典體目 錄으로 Cutter가 圖書館學界에 남긴 세 가지 主要貢獻[15] 中의 하나 로서 손꼽히고 있다.

   Cutter는 이 目錄을 준비하는 동안 辭典體目錄을 위한 一連의 規 則과 指針을 마련하였는데 이것이 곧 1875年에 制定된 辭典體目錄 規則이다. 이 規則은 그 價値가 곧 認定되어 이듬해인 1876年 美國 의 敎育局에서 발간된 "美國 內에 있어서의 公共 圖書館에 관한 特 別 報告書"의 第2部에 收錄되었다.[16] 이것이 곧 有名한 Cutter의 辭 典體目錄規則이다. 이 規則은 205條로 編成되어 있으며 附錄을 包含 하여 89페이지의 冊子로 된 것이었다. Cutter는 이 規則에서 目錄의 目的을 1) 著者나 書名이나 主題를 알고 있는 利用者에게 圖書를 檢 索할 수 있게 하기 위해서, 2) 圖書館所藏圖書를 著者에 의해서, 主 題에 관해서, 그리고 文獻의 種類로 표시하기 위해서, 3) 圖書의 選 擇에 있어서 版次(書誌的으로)나 特徵(文獻 또는 主題)으로서 도움을 주기 위해서 [17]라고 定義하였다. 그리하여 이것이 그 후의 美國目錄 規則에 많은 영향을 미친 것이다.

   또한 그는 目錄을 作成하는 方法과 用語를 定義하고, 目錄의 종류

---

15) Cutter가 圖書館學界에 남긴 세 가지의 主要貢獻은 첫째 Athenaeum圖書館의 5 卷의 辭典體目錄과 둘째 辭典體目錄規則, 셋째로 展開分類法을 말한다(*ibid.* pp.381~382).

16) Mann, Margaret. *Introduction to Cataloging and the Classification of Books.* 2nd ed. Chicago, ALA, 1943, p.155.

17) Cutter, Charles Ammi, *Rules for a Printed Dictionary Catalogue*, Washington, Government Printing Office, 1876.

를 ① 著者目錄 ② 書名目錄 ③ 主題目錄 ④ 形式目錄 ⑤ 分出 등으로 規定하고 각 規則을 위한 理論 및 記載形式(style)을 規定하였다. 또한 規則의 內容 中 가장 중요한 점은 著者槪念에 대한 定義라고 볼 수 있다. 그는 著者란 "狹義로는 冊을 著述한 사람이고, 廣義로는 여러 著者의 著作을 함께 모은 사람(編輯者나 蒐集者 포함)을 冊의 存在의 原因으로 적용할 수도 있다. 人間의 集團(學會, 都市, 立法府, 國家)은 論文集, 會議錄, 雜誌, 討論文, 報告書 등의 著者로 看做한다"18)라고 定義하여 編輯者나 編纂者를 著者에 包含시킨 점이다. 그러나 Cutter의 目錄規則은 內容 面에서는 Panizzi의 規則과 Jewett의 規則에서 많은 영향을 받았다.19)

Cutter의 目錄規則은 第2版이 1889年에 出版되었고, 이를 增補 修正함과 동시에 Alphabet순 索引을 첨부한 第3版이 1891年에, 그리고 第4版인 最終 版이 1904年에 각각 出版되었다. 初版의 경우 205條 89페이지에 불과하던 것이 第4版에서는 369條 173페이지로 확대되었다. 또한 第4版에서는 이제까지 冊子型 目錄을 中心으로 制定하였던 規則을 19世紀末頃부터 사용되기 시작한 Card目錄에도 적용할 수 있도록 확대하였다.20)

그리하여 Cutter의 辭典體目錄規則은 現在 사용하고 있는 모든 目錄規則과 辭典體目錄規則의 原典으로서 美國의 圖書館學界에 至大한 영향을 끼쳤다.

---

18) *loc. cit.*
19) Dunkin, Paul S. *Cataloging U. S. A.* Chicago, ALA. 1969, p.4.
20) Cutter, Charles Ammi, *Rules for a Dictionary Catalog.* 4th ed. Washington, Government Printing Office, 1904, p.24.

D. Anglo-American Code

1876年 創設된 美國 圖書館協會는 Cutter의 辭典體目錄規則이 발표된 다음부터 國家的인 水準의 目錄規則制定의 필요성을 깊이 認識하고 1877年 최초로 目錄規則 발전을 위한 委員會를 任命하여21) 당시의 圖書館學專門家들을 目錄規則制定委員으로 委囑研究토록 하였으며, 그 委員會는 1883年 Buffalo에서 개최된 美國 圖書館協會總會 때에 *Condensed Rules for an Author & Title Catalog*라는 目錄規則要綱을 提出하였다. 이 要綱은 그 후 계속적인 研究와 檢討가 加해진 후 1902年에 美國議會圖書館에서 "美國 圖書館協會目錄規則 未定稿版"으로서 出版되었다.22) 한편 1840年 하바드大學 圖書館에서 처음으로 Card 目錄을 採用23)한 이래 1860年 이후부터 Card 目錄이 더욱 普遍化되었고 19世紀 末期에는 冊子型 目錄은 사양길을 걷기 시작하였다.

Card가 規格化되고 1898年 議會 圖書館이 自館의 사용을 위한 印刷Card制度를 시작하고 1901年 他 圖書館에 印刷Card를 販賣하기 시작24)하면서 Card目錄의 사용은 급격히 增加하였다. 또한 印刷術의 發明은 圖書의 大量生産을 招來하였고, 더욱 많은 圖書館이 建立되게 되었으며 즉각적으로 目錄의 필요성이 증대되었다. 그리하여 Dunkin은 冊子型 目錄이 Card目錄으로 변경되게 된 理由를 첫째는 圖書館의 增加와, 둘째는 1901年 議會 圖書館의 印刷目錄 販賣를 들고 있다.25) 그리고 1904年의 Cutter의 辭典體目錄規則도 Card目錄의 사용

21) Daily, Jay E. "Anglo-American Cod", in *Encylopedia of Library and Information Science*. V. 1. New York, Marcel Dekker, Inc., 1968, P.417.

22) The Library of Congress. *Rules for Descriptive Cataloging in the Library of Congress*. Washington, The Library of Congress, 1949, p.2.

23) Osborn, Andrew. *Descriptive Cataloging*. Pittshurgh, University of Pittshurgh, 1963, p.10.

24) Mann, Margret. *op. cit.* p.300.

을 위해서 확대함으로써 本格的인 Card目錄時代가 개막되었다. 1904
年 英國 圖書館協會는 英·美 間의 統合된 規則을 준비하기 위해 美
國 圖書館協會에 共同研究를 제의하였고, 드디어 英·美의 圖書館學
專門家들의 協同研究26)로 1908年 全文 174條의 *Cataloging Rules,
Author & Title Entries*가 出版되었다. 이것이 이른바 **Anglo-
American Code**로서 英國版과 北美版으로 구분되어 出版27)되었으나
174條라는 많은 規則 數에 비하여 網羅的이 되지 못하고 基本原則이
缺如되어 있기 때문에 一貫性이 없었다. 그러나 이것은 現代 英美目
錄規則의 기초가 되었고 최초의 國際的인 目錄規則이라는 점에서 중
요한 一面을 차지한다.

E. ALA 目錄規則

1901年부터 頒布되기 시작한 議會 圖書館의 印刷Card 가 美國全
域으로 普及됨에 따라 더욱 많은 圖書館에서 目錄의 統一問題 및 記
述問題에 대하에 관심을 갖게 되었고, 目錄의 標準化問題에 대해서
도 관심이 커져서 계속적으로 야기되는 目錄作成 上의 제반문제를
解決할 수 있는 새로운 目錄規則의 필요성을 切感하게 되었다. 그리
하여 美國 圖書館協會는 1930年에 目錄規則改訂 分科委員會를 設置
하고 議會 圖書館의 **Charles Martel**을 委員長으로 任命하여 改訂을
위한 研究를 시작하였다.28) 이 委員會는 새로운 規則을 위한 여러

25) Dunkin, Paul S. *op. cit.* p.2.
26) 당시 Melvil Dewey는 英國 圖書館協會에 共同目錄規則의 제정을 위해 協力해
    야 한다고 提案하였으며, 따라서 1908年의 AA Code는 이러한 제안을 받아들
    인 결과였다고 한다(Tynmeouth, W., *A Primer of Cataloging. op. cit.* p.33.)
27) Dunkin, Paul S. *op. cit.* p.9.
28) American Library Association. *ALA Cataloging Rules for Author and Title
    Entries.* 2nd ed. Chicago, ALA, 1949, p.ⅵ.

가지 문제점을 討議하고 專門家들의 意見을 集約한 결과 1908年版
의 補充擴大가 필요하다는 것을 認識하게 되었다. 그 結果 1908年版
을 기초로 한 改訂作業이 英國 圖書館協會와 더불어 공동으로 進行
되었다. 그러나 1939年 第2次 世界大戰의 勃發로 協同은 이루어지지
못하였고, 1941年 美國 단독으로 目錄規則改訂 分科委員會에 의해서
"目錄規則 改訂을 위한 豫備版"29)이 出刊되었다. 이것은 1908年版을
補充擴大한 것으로서 連續 刊行物, 公文書, 宗敎團體出版物, 無 著者
名 古典, 樂譜 및 地圖資料에 대한 規則을 揷入하여 375條로 구성되
었다. 이 規則 全體의 構成은 第1部는 著錄과 標目, 第2部는 圖書의
記述로 구분되었고, 408페이지로 擴大되었다. 이것은 가능한 모든
경우를 취급한 발전된 目錄規則을 提示한다는 試圖였으나 지나치게
詳細하고 복잡하며 目錄作成에 費用이 너무 많이 든다는 理由로 신
랄한 批評을 받았다.30)

  美國 圖書館協會는 여러 가지 관점에서 보다 나은 改訂版을 위한
勸告 案을 준비하기 위해서 規則使用에 관한 委員會(Committee on
the Use of the Code)를 任命하고, 이 委員會는 1944年에 하나의 勸
告 案을 Executive Board of the ALA에 提出하였다. Executive
Board of the ALA는 이 勸告 案을 수락하고 第1部 中 신랄한 批評
의 배상이 되었던 部分을 중심으로 改訂作業을 계속할 것을 目錄規
則改訂 委員會에 指示하는 한편 第2部에 대한 作業은 연기하였다.
1946年 目錄規則改訂 委員會는 資金關係로 解散하고 이들의 任務는
ALA의 目錄 및 分類 委員會에서 맡게 되어 1946年 7月 Clare
Beetle女史를 編輯 責任者로 임명하여, 9月부터 改訂作業에 着手하였
다.31) 그녀는 이미 提起된 提案과 批評을 作業指針으로 삼아 豫備版

---

29) American Library Association. *ALA Cataloging Rules: Author and Title
   Entries*. 2nd ed. Chicago. ALA, 1941.

30) American Library Association. *ALA Cataloging Rules for Author and Title
   Entries. op. cit.* p.ⅷ.

31) *loc. cit.*

에 기초를 둔 광범한 調査研究끝에 1949年 「著者 및 書名著錄을 위한 目錄規則」[32]을 출판하게 되었다.

한편 議會 圖書館에서는 1941年의 豫備版이 발행되자 豫備版의 第2部는 모든 면에서 LC의 實際를 代表하는 것도 아니고, 발생할 수 있는 多樣한 경우를 表現한 것도 아니라는 批判의 소리가 높았다. 따라서 ALA는 決定版이 公認되기 전에 제반문제점을 검토하기 위해서 特別委員會를 구성하였다. 이 委員會는 議會 圖書館의 規則을 실제적인 標準으로 受諾할 수 있을 것인지, 그리하여 規則의 分離를 防止할 수 있을 것인지를 알 수 있을 때까지 2部에 대한 決定版의 발행을 保留하도록 하였다.[33]

이에 따라 1946年 봄 議會 圖書館의 司書인 Herman H. Henkle은 目錄記述法(descriptive cataloging)에 관한 記述과 그 기능을 수행하기 위한 規則의 기초가 되는 原則을 報告書로 提出하고, 議會 圖書館의 目錄記述 委員會는 1947年에 豫備版을 발행하였다. 議會 圖書館은 즉시 目錄實際에 이 規則을 적용하기 시작하고, 이에 따른 規則의 硏究와 批評이 그 反應을 보였다. 따라서 이러한 意見을 集約하고 決定하기 위해서 ALA 目錄規則의 第2部의 代用으로써 ALA에 그 規則을 提出하였으며, ALA는 1949年 1月 會議에서 이 規則을 第2部의 代用으로 受諾하기로 受諾함에 따라서 公式的인 目錄記述規則으로 認定되어 역시 1949年에 *Rules for Descriptive Cataloging in the Library of Congress*라는 書名으로 出版되었다.

이 장에서 설명한 두개의 目錄規則 즉 ALA에서 발행한 (2nd ed)와 LC에서 발행한 *Rules for Descriptive Cataloging in the Library of Congress*는 書名과 出版機關이 각기 다르지만 하나의 體系를 위해서 이루어진 것이다. 그러므로 흔히 이 두 가지 目錄規則을 합쳐

---

32) American Library Association *Cataloging Rules for Author and Title Entries.* Chicago, ALA. 1949.
33) The Library of Congress. *op. cit.* p.3.

서 「ALA 目錄規則」이라고 한다.

F. 英美目錄規則 初版

1949年의 議會 圖書館 目錄記述規則은 매우 單純化된 規則으로서 專門家들에게 일반적으로 滿足스럽게 받아들여졌다. 記述을 위한 單純化된 規則이 成功하므로써 標目을 위한 規則의 單純化도 가능할 것이라는 希望을 가지게 하여, 1951年 目錄 및 分類 分科委員會의 施策 및 研究 委員會(Policy and Research Committee)는 "目錄記述法에 관한 研究"(Studies in Descriptive Cataloging)를 발표했던 Seymour Lubetzky에게 著書・書名著錄을 위한 1949年의 規則에 대한 批評을 要請하였다. 그 結果 1953年 그는 「目錄作成規則과 原則」(Cataloging Rules and Principle)을 발표하여 그 規則의 矛盾 點을 신랄히 파헤쳤다.[34] 그 결과 1953年 目錄規則改訂計劃 委員會를 新設하고 1949年 規則의 全面的인 改訂을 계획하게 되었다. 規則改訂을 위한 최초의 規則草案과 骨格이 Lubetzky에 의해서 작성되어 1960年 ALA에 의해서 발표되었다.[35]

한편 國際 圖書館協會聯盟(IFLA)은 目錄規則의 國際的인 協力을 위해서 1954年 國際的인 實務 委員會를 設立하고 目錄規則을 國際的으로 통일하기 위한 目的으로 1961年 10月 파리에서 53個 國의 圖書館關係者와 12個의 國際機構의 代表가 參席하에 國際目錄原則會議(International conference on cataloging Principle: ICCP)를 개최하였다.[36] 이 會議에서 目錄의 機能, 目錄의 構成, 著錄의 種類, 標

---

34) Lubetzky, Seymour. *Cataloging Rules and Principles, A Critique the A. L. A. Rules for Entry and a Proposed Design for Their Revision.* Washington, Library of Congress, 1953.
35) Dunkin, Paul S. *op. cit.* p.16.
36) *ibid.* p.17.

目의 選定과 形式 등이 討議되었고, Lubetzky의 草案이 각국 代表間의 충분한 協議를 거쳐 「諸 原則에 관한 聲名」(Statement of Principles)으로 採擇되었으며, 이 結果는 目錄規則의 國際的인 協力에 寄與하게 되었다. 그러나 이 原則聲名은 당시까지의 여러 가지 傳統的인 方法을 混合한 것으로 國際的인 目錄規則을 위한 하나의 原則일 뿐 구체적인 規則은 되지 못하였다.

따라서 이 原則을 기초로 하에 수년 동안 目錄規則에 대한 會議가 계속 되었고, 改訂作業 初期에 英國 圖書館協會의 提議로 規則草案과 實務文書, 討議記錄 등을 交換하였으며, 캐나다 圖書館協會까지 활발하게 規則改訂에 參與하였다. 그리하여 3個 國 代表 사이에 비록 規則全般에 대한 완전한 合意는 되지 못하였지만 改訂版의 題名을 *Anglo-American Cataloging Rules*라고 命名한다는 데 合意하였다.37)

目錄規則改訂 委員會가 처음 任命되었을 때 그들은, 새로운 規則은 旣存目錄의 변경에 따르는 費用에 관계없이 추진할 것을 提起하고, 그들이 遂行 해야 할 첫 번째 任務는 훌륭한 規則을 만드는 것이었다.38) 그러나 1960年 Lubetzky의 草案이 發表되자 주요관심은 費用에 集中되었고, LC는 새로운 規則을 따르자면 規則에 따른 旣存 Card 目錄의 更新에 너무나 엄청난 費用이 든다는 것을 主張하였다. 그러므로 아이러니컬하게도 1961年의 파리原則을 着想했던 先驅者가 美國人이었음에도 불구하고 그들 자신의 規則중 決定的인 部分을 실행할 수 없는 矛盾에 逢着하게 되었다. 따라서 目錄規則改訂 委員會는 끝내 완전한 合意를 보지 못하고 英・美・캐나다 三國이 合意하지 못한 部分39)을 각기 分離揷入하여 1967年에 北美版과 英國版으로 나누어 출판하였다.

---

37) American Library Association. *Anglo-American Cataloging Rules, North American Text.* Chicago, ALA, 1967, p.ⅵ.

38) Dunkin, Paul S. *op. cit.* p.17.

39) American Library Association. *Anglo-American Cataloging Rules. op. cit.* p.371.

이 規則은 全體를 3部로 구성하여 第1部는 標目, 第2部는 記述,
第3部는 非 圖書資料에 관한 것으로 大別하고, 또한 多數의 章에서
規則을 一般規則과 特別規則으로 구별하였으나 어떤 경우에는 명백
히 구별 되지 않을 경우도 있다. 그러므로 特別規則에 대해서는 항
상 일반적인 規則과 관련해서 理解하도록 되어 있다.40)

이상에서 論述한 바와 같이 이 目錄規則은 數次의 改訂을 통해서
발전을 거듭해 왔으나 傳統的인 目錄記述方法인 著者 名을 基本標目
으로 하는 原則만은 지속되었으며, 世界에서 가장 代表的이고 標準
的인 國際目錄規則으로서 우리나라를 비롯한 世界各國의 目錄規則 작
성 에 至大한 영향을 미쳤다.

G. 世界書誌統整

IFLA의 世界書誌統整 (Universal Bibliographic Control: UBC)이
라는 長期的인 계획을 수행하기 위해서 書誌記述法을 국제적으로 標準
化할 계획을 수립하게 되었다. 이 計劃은 1969年 Copenhagen에서 개
최되었던 國際目錄專門家會議 (International Meeting of Cataloging
Expert: IMCE)에서 起源한다.41) 印刷術의 急速한 발달로 인한 出版物
의 洪水時代와 第2次 世界大戰 이후로 심각해진 情報의 爆發的 增加現
狀으로 인해서 在來式 資料 處理方法으로는 완전한 活用이 거의 불가
능하게 되자 自動化로 向한 機械的處理 方法이 考案採擇되고 電磁機具
를 이용하는 科學的인 情報檢索方案이 계속 試圖되었다.

世界各國의 수많은 圖書館들은 동일한 資料의 目錄을 위해서 유사
한 과정을 反復하고 있으며, 여기에서 起因되는 막대한 양의 時間과

---

40) *ibid.* pp.5~6.
41) Anderson, Dootrhy. "IFLA's programme of-ISBDs," *Unesco Bulletin of Libraries.* Vol. XXXII, No .3, May-June, 1978, p.144.

努力의 손실을 防止하기 위해서 19世紀 中葉 이래로 目錄作成에 대한 相互協同의 필요성이 知覺있는 司書들 사이에 심각하게 논의되어 왔다. 그리고 1961年에 개최되었던 目錄作成에 관한 國際會議와 AACR의 出刊 등으로 國際的 標準化의 作業이 상당히 진척되었다.

또한 美國議會圖書館은 圖書館自動化를 위한 基礎作業에 着手하여 모든 國內外圖書館의 司書들과 의견을 交換하였고, 특히 國家 間 書誌情報 交換을 포함한 國際的인 계획을 발전시키기 위해서 UNESCO 및 IFLA와 協力하였다. 이러한 國際的標準化를 위한 初期段階는 機械可讀目錄의 交換體制로써 圖書館 間의 書誌情報交換을 위해서 國內外的인 기관에서 受諾 되었고, 불가능하리라 생각되어오던 標準化를 어느 정도 성취할 수 있게 되었다.42)

그러나 이러한 方法은 英語使用圈內의 國家들에게만 局限된 것으로 英語使用圈外의 國家들에 대해서는 無價値한 것이었다. 따라서 世界書誌統整이라는 大前提 아래서 世界에서 발표되는 記錄情報를 좀더 容易 하고 신속하게 交換할 수 있는 方法을 모색하기 위해서 IFLA의 目錄分科 委員會의 主管으로 國際目錄 專門家會議가 1969 年 덴마크의 Copenhagen에서 개최되었다.

이 會議에서는, 大英圖書館의 Micheal Gorman에 의해서 1966-67 年 사이에 행해진 豫備的인 研究43)를 土臺로 하여 目錄著錄의 記述 內容을 위한 國際的인 標準을 定立할 수 있는 가능성을 討論하고, 가능한 한 目錄과 書誌에 이용될 수 있는 "書誌記述을 위한 骨子 (frame work)"를 制定할 것에 의견이 일치되었다.44) 그리고 "모든 出版物의 標準的인 書誌 記述法을 制定하고 이 記述法이 各國의 國

42) Shera, Jesse H. *Introduction to Library Science.* Littleton, Libraries Unlimited Inc., 1976, p.97.

43) Kerr, Rosamond and Clarke, Tom C. "The development of the International Standard Bibliographic Description (ISBD) and Some proplems for non-roman scripts." *Unesco Bulletin for Libraries.* Vol. ⅩⅩⅪ. No.4. July-August, 1977, p.211.

44) Anderson, Dorothy. *op. cit.* p.144.

家機關에 의해 認准되도록 하고, 이에 관한 國家情報交換制度를 創設하기 위한 적극적인 協力이 傾注되어야 하며, 이 制度의 效用性 여부는 書誌記述法의 形式과 內容을 최대한으로 標準化하는 데 달려 있다"45)는 決議文을 작성하였다. 이어서 Jack Wells를 議長으로 하는 實務 委員團을 構成하여 계속적인 作業을 진행 하였고, 1971年 Moscow 會議와 1971年의 Liverpool 會議에서 ISBD의 作業을 마무리 짓고 동년 12月 出刊하였다.46)

H. 國際標準書誌記述法(ISBD)

1971年에 발행된 ISBD는 즉시 各國의 書誌機關과 目錄作成을 담당하는 여러 기관에 발송되어 그들의 所見을 들은 바 대체로 환영을 받았고, 여러 國家書誌들에 적용되었다. 그 후 適用에 따른 문제점을 修正하기 위한 ISBD改訂會議가 1973年 Grenoble에서 개최되었고, 이 改訂會議에서는 그때까지 接受된 모든 論評을 分析檢討하고 修正을 가해서 1973年 10月末 最終的인 細部事項에 대한 編輯을 完了하여47) 1974年 國際標準書誌記述法 〈單行本 用〉, 곧 ISBD(M)의 初版이 발행되었다.

"ISBD(M)의 目的은 單行本 - 즉 非連續刊行物 - 의 書誌記述에 있어서 記述事項의 表示方法에 대해서 國際的으로 수락될 수 있는 骨子를 정하는 데 있다. 이는 다음과 같은 出版物들의 效果的인 國際的 流通을 위한 세 가지 요구를 充足시키고자 意圖된 것이다. 첫째

---

45) "Report of the International Meeting of Cataloging Expert", Copenhagen, 1969. *Libri.* Vol. 20, 1970; No.1, pp.115~116.

46) Anderson, Dorothy. *op. cit.* p.145.

47) Anderson, Dorothy. International Standard Bibliographic Description for Monographs [ISBD(M)] Checklists. *Unesco Bulletin of Libraries.* Vol. ⅩⅩⅧ, No.1, January-February, 1974. p.35.

로 한 國家 內에서 作成한 書誌記述이나 한 言語를 사용하는 利用者
가 작성한 書誌記錄이 다른 國家에서 또는 다른 言語를 사용하는 利
用者에 의하여 쉽게 이용될 수 있게 하는 것이고, 둘째로 각국에서
작성한 書誌記錄들이 여러 종류의 目錄과 File 속에 統合될 수 있게
하기 위한 것이며, 셋째로 筆寫되었거나 印刷된 書誌記錄이 최소한
의 編輯을 거쳐 機械可讀의 形式으로 轉換될 수 있게 하기 위한 것
이다."48)

　ISBD(M)의 가장 큰 특징은 標目과 記述部를 완전히 分離하고,
書名 다음에 반드시 著者標示를 해주도록 規定함에 따라서 記述部만
으로도 완전히 書誌情報가 갖추어진 著錄을 이룰 수 있도록 한 점과
革新的인 句讀點을 採擇한 점이다. 또한 記述部를 ① 書名著者表示
事項, ② 版次事項, ③ 發行事項, ④ 形態記述事項, ⑤ 續刊事項, ⑥
註記事項, ⑦ ISBN・裝幀・價格事項 등의 7個 事項으로 구분하고
文段바꿈이나 Indention 등에 관해서는 規定하지 않은 점이다.

　이 ISBD(M)은 Computer화된 節次를 위해서 완전하게 적용할 수
있다는 것을 保障하며, ISBN을 結合하고 記述法과 識別法이 合致되
게 됨으로써 書誌 統整의 주요 문제점이 解決되었으며, 이를 적용함
으로써 첫째는 한 國家에서 生産된 目錄 資料가 약간의 修正을 가하
거나 거의 수정 없이도 다른 國家의 國際書誌로 사용될 수 있는 利
點과, ISBD의 體制가 폭넓게 周知되고 理解가 용이해짐으로써 圖書
館人이나 圖書館 利用者를 막론하고 目錄利用者에 대해서도 이익이
되게 되었다.49)

　곧이어 連續 刊行物에 대한 書誌記述原則을 規定한 ISBD(S)의 豫
備版이 1974年에 刊行 되었고, 1975年의 파리會議에서 非-ISBD要

---

48) IFLA *op. cit.* p.vii.

49) Sinkankas, George M. and Dally, Jay F. "International Cataloging and
　　International Standard Bibliographic Description." in *Encyclopedia of Library
　　and Information Science*. Vol. 12. New York, Marcel Dekker, Inc., 1974,
　　pp.279〜280.

素(non-ISBD elements)를 除去하고 改訂하여 마침내 現在의 "第1標準版"50)을 出版하게 되었고, 同年에 ISBD(NBM)51)도 續刊되었다.

한편 AACR의 改訂을 위한 合同調整 委員會(Joint Steering Committee for the Revision of the Anglo- American Cataloging Rules: JSCAACR) 는 모든 ISBDs의 開發을 統制하기 위한 일반적인 骨子(general frame-work)의 確立을 討議하기 위해서 IFLA의 ISBD實務 委員團과 JSCAA-CR의 代表團이 1975年 10月 파리에서 會議를 개최하고, ISBD計劃을 調和시킬 수 있는 骨子의 注釋版(annotated text)인 ISBD(G)를 1976年 9月 Lausanne에서 개최된 IFLA目錄分科 委員會에 제출했고52) 드디어 1978年에 그 刊行을 보았다.

ISBD(G)는 ISBD(M)의 7個 記述事項에 細部事項(資料 또는 出版物의 形態)을 追加하여 記述部를 8個 事項으로 區分하였고, 모든 ISBD에 적용될 수 있는 기본적인 骨子만을 規定함으로써 AACR을 改訂하는 데 가장 큰 영향을 미치게 하여 記述部의 底本으로 사용되었으며 國際書誌 統整에 크게 기여하게 되었다.

Ⅰ. 英美目錄規則 第2版

1969年 덴마크의 Copenhagen에서 개최되었던 國際目錄 專門家會議에서 合意된 ISBD가 1974年 ISBD(M)의 標準版 發行으로 구체화되었고 각국의 目錄作成機關들이 이를 잇달아 採用하므로써 世界書誌統整이 現實化되자 AACR도 改訂하지 않으면 안 되게 되었다.

이와 같이 國際 標準化를 위한 ISBD(M)이 改訂出版됨에 따라 全

---

50) Gorman, Michel. "International Standard Bibliographical Description and the new ISBDs", *Journal of Librarianship.* 10(2) April 1978, pp.133~134.

51) *ISBD(NBM).* IFLA International Office for UBC, 1977.

52) Kerr, Rosamond and Clarke, Tom C. *op. cit.* p.212.

般的인 改訂에 앞서 1974年 同規則의 記述部門에 대한 改訂版이 出版되었다.53) 이 規則에는 ISBD(M)을 적용함을 主目的으로 하였고, 第9章의 寫眞 및 기타 複製에 관한 規則을 第6章에 包含시킨 것으로 AACR改訂版의 豫備版 形式으로 出版된 것이다. 이 改訂된 第6章이 마침내 1974年 NewYork에서 개최된 美國 圖書館協會 年次會議에서 발표되자 이내 베스트셀러가 되었지만 書誌記述에 있어서의 이 改訂은 상당히 중요한 것이었다.54)

한편 AACR의 英國版과 北美版을 調整하고 1967年 版의 出版이래 受容된 改訂規則을 統合시킬 수 있는 新版에 대한 가능성이 1974年 3月 29日 ALA本部에서 英·美·캐나다 三國의 代表者會議에서 討論되었고, 그 會合에서 AACR의 改訂計劃을 調整하고 그 作業을 담당할 2명의 編輯者를 위촉하기 위한 JSCAACR이 組織되었으며, 다음과 같은 AACR改訂의 目的이 合意되었다.55)

1. 1967年의 北美版과 英國版을 單一版으로 調整할 것.

2. 이전의 機構(machanism)下에서 수행되어 왔거나 이미 合意된 變更事項과 모든 修正事項을 單一版으로 統合할 것.

3. ALA, LA, LC, CLA간에 현재 討議되고 있는 모든 修正申請案과 이들 기관이나 大英圖書館에 의해 提起된 새로운 提案과 기타 AACR을 사용하고 있는 國家들의 National Committee의 어느 提案이라도 AACR 內에 包含할 수 있도록 考慮할 것.

4. 美國·캐나다·英國 이외의 國家에서 이 規則의 사용을 促進시

---

53) American Library Association. Anglo-American Cataloging Rules, North American Text. "Chapter 6 Separately Published Monographs" Incoporating Chapter 9, "Photographic and Other Reproductions", and revised to accord with the International Standard Bibliographic Description(Monographs). Chicago, ALA, 1974.

54) Coe, D. Whitney. "A Cataloger's Guide to AACR Chapter 6, Separately Published Monographs." 1974, Library Resources & Technical Services. V. 19. No. 2, Spring, 1975, p.101.

55) Keln, Carol R. op. cit. pp.23~24.

킴으로서 AACR로 國際的인 利益을 圖謀할 것.56)

JSCAACR은 1974年 7月 會議에서 美國의 Paul Winkler와 英國의 Michael Gorman을 編輯者로 任命하고 1975年 1月부터 編輯을 시작하였다.

JSCAACR의 기능은 編輯者를 任命하는 것과 編輯者와 더불어 施策에 관한 문제를 결정하고, 모든 提案을 檢討하는 것과, 編輯者에 의해 草案된 規則의 承認을 查定하는 것과, 出版을 위한 最終版을 提供하는 것이었으며, 그러므로 해서 第2版의 內容과 표현에 대한 窮極的인 責任을 지는 것이었다.

JSCAACR은 첫째로 實務指針을 발표하였고, 그것에 의해서 施策 問題와 새로운 提案이 決定되었으며, 이 施策은 AACR의 完結을 볼 때까지 2年 半 동안 철저하게 持續되었다.57)

JSCAACR과 기존의 ISBD實務會議의 實務陣으로 구성된 IFLA委員會간의 첫 번째 會合이 1975年 10月 파리에서 개최되었는데 거기에서 ISBD(G)로써 알려진 "일반적인 骨子"의 이행에 관한 실질적인 合意가 이루어졌으며, 연속된 會合에서 약간의 修正에 관해서 合意하였고, 本 版의 第1部는 ISBD(G)의 骨子에 기초를 두도록 決定하였다.58)

合同 委員會에 參加했던 세 나라는 각각 National Committee에 의해 後援을 얻어 改訂을 위한 많은 문제들을 提案하고 選別했으며, 최종적으로 本 版이 確立되기 이전의 稿本을 評價하고 批評하였다. 그리고 마침내 1977年 1月에 第1部의 草稿 版(emergent text)의 稿本이 評價를 받기 위해서 National Committee에 提示되었고, 그들에 의해서 광범하게 外部機關으로 配布되었다. 이 草稿 本에 뒤이어 稿本作業과 複寫準備의 最終段階를 계획하는 동안 JSCAACR의 特別

---

56) ALA. *Anglo-American Cataloging Rules.* 2nd ed. Chicago, ALA, 1978, pp. ⅵ～ⅶ.
57) *ibid.* p.ⅶ.
58) *ibid.* p.ⅷ.

會議가 1977年 4月 워싱턴에서 개최되었는데 이때 第2部의 稿本이
나왔으며, 마지막으로 1977年 8月에 모든 提案과 評價者의 評價를
再檢討하여 全 版을 承認하였고, 出版을 承認하기 위해서 9次와 10
次 會議를 거쳐 1978年初에 완성 刊行하게 된 것이다.

    AACR 2는 모든 規模의 일반적인 圖書館에서 目錄을 作成하는
데 사용되도록 하려는 意圖를 가지고 있다. 이 規則은 특별히 專門
圖書館과 記錄文書 圖書館(archival library)을 目的으로 한 것은 아
니다. 그러나 그러한 圖書館들도 이 規則을 目錄作業의 기초로써 이
용하고, 필요에 따라서는 自體의 規定을 추가하도록 권고하고 있다.
이 規則은 현재 일반적으로 수집되고 있는 모든 圖書館資料에 관한
記述과 標目을 다루고 있으며, 또한 이 規則은 綜合的으로 體系化되
어 있기 때문에 특수한 모든 종류의 資料에 대한 目錄을 作成하기
위한 근거로서 사용하기가 용이할 것이다.

    AACR 2의 規則은 初版의 規則을 發展的으로 통합시킨 것이며,
初版의 英國版과 北美版의 調整事項에 기초를 두고 있다.

    이 規則은 현재 대부분의 圖書館과 書誌作成機關에서 目錄 作成者
가 수행하는 作業의 順序를 따르고 있다. 그러므로 第1部에서는 目
錄이 作成되는 對象資料를 記述하는 (書誌的記述)情報에 관한 規定
을 다루고 있으며, 第2部에서는 記述情報를 目錄 利用者에게 제시해
주는 標目, 또는 目錄 中의 Access Point의 決定 및 이러한 標目에
대한 參照의 作成을 다루고 있다.

    第1部와 第2部 모두 一般事項에서 特殊事項으로 規則이 진전된다.
第1部의 特殊事項은 目錄이 作成되는 對象資料의 物的媒體, 각 記述
要素에 있어서 요구되는 詳細度 ,별도로 된 여러 部分을 포함하는
對象資料의 分出과 관련되어 있다.59) 이와 같이 AACR 2는 初版과
比較할 때 그 構成體制는 전면적으로 改編되었다.

---

59) *ibid.* pp.1~2 참조.

Ⅶ. 韓國의 目錄規則

A. 朴奉石의 「東書編目規則」

우리나라에서는 李朝 末期까지 그리고 日帝末期까지도 目錄規則이 있었는지의 與否도 현재까지는 未詳이다. 그러나 1948年에 당시 國立圖書館 副 館長으로 在職했던 朴奉石에 의하여 「朝鮮東書編目規則」[60]이 編纂되었다. 이 編目規則은 國立圖書館에서 사용하기 위해서 編纂되었으나 당시 當 圖書館에 설치되었던 朝鮮 圖書館學校에서 編纂者가 직접 目錄敎材로 사용하였기 때문에 상당히 普及된 것으로 생각된다. 이 編目規則의 특징은 東洋에 있어서의 오랜 傳統이었던. 「書名基本著錄」을 原則으로 했다는 點이다. 물론 현재의 觀點에서 볼 때는 內容도 충실하지 못하나 현대의 目錄은 주로 西歐에 있어서의 傳統이었던 「著者基本著錄」을 原則으로 하는 것이 支配的이기 때문에 그 후에 繼承되지 못하고 그와는 별도로 韓國目錄規則을 編纂하게 된 것으로 생각된다.

그러나 西歐에 있어서의 傳統이었던 著者名主記入의 原則이 1974年에 IFLA에서 編纂한 ISBD(M)에서 書名主記入의 原則으로 전환하므로 서, 그것이 朴奉石의 「東書編目規則」에서 제시한 書名主記入原則과 일치하게 되었다. 그리하여 書誌的 記述事項의 記述項目과

---

60) 朴奉石 編. 「朝鮮東書編目規則」. 서울, 國立圖書館, 1948.

그 記述順序가 이 兩者 間에 거의 일치한다. 다만 記述의 細部的인 事項과 句讀點이 다를 뿐이다.

書名主記入原則은 東洋의 오랜 傳統이었으나 西歐의 傳統인 著者名主記入原則이 大勢를 이루었던 당시에 書名主記入原則을 固守한 것은 目錄發達史上 西洋보다 優位에 서는 것이며, 朴奉石의 先見之明을 엿볼 수 있다.

B. 韓國目錄規則(KCR)

1961年 10月에 Paris에서 개최된 目錄原則國際會議는 모든 國家에 있어서의 目錄作成原則을 標準化하기 위한 것으로, 여기에서 採擇된 「諸 原則에 관한 聲明」(Statement of Principles) 가운데는 「著者基本著錄原則」이 包含되어 있었다. 그러나 그 당시 韓國에 있어서 유일한 目錄規則은 前項에서 설명한 朴奉石 編「東書編目規則」이었던 바, 이 規則은 이미 말한 바와 같이 「書名基本著錄」을 原則으로 하고 있기 때문에 韓國에서도 國際的인 原則에 準하는 새로운 目錄規則을 시급히 編纂해야 할 필요성을 절감했던 것으로 생각된다.

그리하여 韓國 圖書館協會는 1962年度에 目錄規則을 制定할 것을 결정하고 目錄 分科委員會를 구성하여 이 事業을 위촉했던 것이다.

이러한 計劃에 따라서 1962年 年末에 「標目의 選定」과 「標目의 形式」에 관한 部門을 豫備版으로 하여 프린트版으로 발행하고, 이어서 1963年度에 「記述目錄規則」의 部門을 制定完了하여 1964年 1月에 출판했던 것이다. 그리고 2年 後인 1966年에는 修訂版을 발행하였다. 이 修訂版에서는 본래의 基本原則에는 변화가 없으나 體系上 상당한 변화가 있고 條文의 重複을 除去하는 데 努力하고, 例示를 더 揷入했으며, 「表記法」과 「略語表」 및 「目錄 Card」의 實例를 附錄하였다. 1970年度에도 이를 그대로 再刷하였다.

이 規則은 크게 3部門으로 大別되는데 第1部門은 「基本記入의 選定」, 第2部門은 「標目의 形式」,第3部門은 「記述目錄規則」으로 구성되어 있다. 이 目錄規則에 대해서는 筆者의 鄙見을 밝힌바 있다.61)

C. 韓國目錄規則 第3版

韓國 圖書館協會 目錄分科 委員會에서는 1983년에 韓國目錄規則(KCR)을 改訂하였다. 이것은 실제로는 제2개정판이라고 볼 수 있으나 1966年의 修正版을 제2판으로 간주하고 1983年에 출판되는 것을 第3版으로 정한 것이다.

이 第3版의 改訂은 불가피한 것이었다, 修正版이 나온 지 이미 17년이나 경과했고, 그동안 目錄規則에 있어서도 국제적으로 상당한 변화가 있었으며, 특히 國際標準書誌記述法(ISBD)이 출판되어 이에 따라 世界的으로 目錄記述法이 標準化되고 있기 때문에 韓國에 있어서도 이 國際的 標準에 따르지 않을 수 없게 된 것이다.

따라서 KCR 제3판은 우선 그 體系 上 대폭적으로 改訂되었으나 아직 未完成 本이다. 그것은 주로 書誌記述法만을 다루고 있기 때문이다.

우선 ① 書誌記述에 있어서 달라진 점은 句讀法이 ISBD에 따라서 전면적으로 改訂된 것 이다.

② 書誌的 記述事項에 있어서 종래에는 單一著者의 著作의 경우 書名 다음에 著者 名 表示를 생략하도록 규정하고 있었으나, 이제는 單一著者의 著作이라도 반드시 著者表示를 하도록 규정하고 있다.

③ 따라서 종래에는 基本著錄의 標目과 書誌的 記述事項이 분리될 수 없었으나 이제는 標目과 書誌的 記述事項이 서로 獨立性을 가지게 된 것이다.

---

61) 鄭駜謨. 韓國目錄規則의 問題點과 그 改定의 前提. 도서관. 서울, 국립 중앙도서관, 1974. 6(제29권 6호), pp.5～12 參照.

다음 第3章의 著錄作成法은 ISBD(M)과 KCR 3을 기초로 하여
설명한 것이다. 그러므로 기타 구체적인 내용은 KCR 3을 직접 참
고하기 바란다.

第3章 著錄作成法

Ⅷ. 著錄의 記述事項과 順位

Ⅸ. 情報採記의 典據와 表現形式

Ⅹ. 單行本에 대한 標準書誌記述法

Ⅷ. 著錄의 記述事項과 順位

　앞에서 說明한 바와 같이 著錄은 目錄의 基本單位이다. 따라서 한 文獻에 대한 著錄을 완전히 記述해야만 이러한 여러 개의 著錄을 그 標目에 의해서 일정한 體系에 따라서 排列해서 目錄을 編成할 수 있다.
　著錄은 주로 標目과 書誌的 記述事項으로써 이루어지는데, 標目은 어떻게 選定하며, 어떠한 形式으로 記述하는지, 書誌的 記述의 구체적인 事項과 要目은 무엇이며 어떠한 方法으로 記述하는지, 그리고 標目이나 書誌的 記述事項은 무엇을 根據로 하여 記述하는지 하는 것이 문제이다. 그리하여 이 章에서는 目錄의 基本單位로서의 著錄의 記述法을 설명하고자 한다.

A. 記述事項

　圖書館의 Card目錄의 경우 基本著錄의 記述事項은 크게 구분해서 말하자면 ① 請求記號, ② 標目, ③ 書誌的 記述事項으로 이루어진다.
　請求記號(call number)는 分類番號와 文獻記號(圖書記號)로 이루어지는데 현대의 文獻記號는 주로 基本著錄의 標目이 설정되면 그것을 文獻記號表 또는 著者記號表에 따라서 記號化하고, 다음에 흔히 書名의 첫 字나 그 要語(key word)의 첫字를 小文字로 하여 添加한다.

또는 그 밑에 卷冊番號를 기재하는 경우도 있다.

標目(main entry or heading)은 原則的으로 著者性이 確實한 경우 著者 名을(東洋書의 경우: 한글로 表記하여) 基本著錄의 標目으로 하지만 著者 名을 알 수 없거나 著者性이 애매할 경우는 書名(東洋書의 경우: 한글로 表記하여)을 標目으로 하고 혹은 특수한 文獻의 경우는 統一標目이라는 形式으로 標目을 결정한다. 標目의 選定이나 그 形式에 대한 좀 더 구체적인 事項은 다음 項에서 설명하고자 한다.

書誌的 記述事項(bibliographic description)은 ① 書名著者表示事項, ② 版次事項, ③ 發行事項, ④ 形態記述事項, ⑤ 續刊事項, ⑥ 註記事項, ⑦ ISBN 裝幀 價格事項, ⑧ 標目指示事項으로 이루어지는데 이에 대한 要目과 記述法은 다음에 좀 더 구체적으로 설명하고자 한다.

B. 記述順位

基本著錄의 記述順位는 다음과 같다(도 3 著錄 Card의 原型 참조).

① 請求記號(call number)는 Card 의 左側에서 0.5cm, 上端에서 3cm의 位置에 分類番號를 적고, 그 밑에 文獻記號(圖書記號)를 적는다.

② 標目(heading)은 Card의 左側에서 약 2.5cm, 上端에서 약 1.5cm의 位置(첫째 indention)에서 右側으로 적는다.

③ 書名著者表示事項(title and statement of responsibility area)은 標目 다음의 行, 左側에서 3.5cm되는 位置(둘째 indention)에서 右側으로 記述한다.

書名著者表示事項의 첫 번째 記述要目은 本書 名이며, 다음에는 餘他書名(副書 名)이나 餘他書名情報가 있을 경우 또는 飜譯書의 경우는 對等書名이 두 번째의 要目이 되며, 세 번째의 要目은 著者表示이다.

아들을 모두 1行으로 記載할 수 없을 경우에는 그 다음 行의 둘째 indention(左側에서 3.5cm)으로 이어서 記載한다. 書名과 著者表示는 그 책에 쓰여 진 文字로 적으며, 다음에 「箸」, 「譯」 등의 낱말을 表示한다.

④ 版次事項(edition area)은 그 책에 表示된 版次 또는 版種을 의미한다. 版次事項의 첫 번째 記述要目은 版表示이며, 다음에는 당해 版本에 관련된 著者表示이다.

⑤ 發行事項(publication, distribution, etc, area)은 發行地, 發行處, 發行年度의 총칭이다.

發行事項의 첫 번째 要目은 發行地이며, 두 번째는 發行處 名, 세 번째는 發行年度이다. 그러나 發行 地名과 發行處 名이 미상이고 印刷地名과 印刷處名이 그 出版物에 나타나 있을 경우에는 이를 기재해야 한다. 記述方法은 앞의 版次事項의 行을 이어서 한자 띄고 記載하되 새로 行을 바꿔야 할 경우는 다시 둘째 indention에서부터 적는다.

⑥ 形態記述事項(physical deseription area)은 그 책의 페이지 수, 圖, 像, 地圖, 책의 크기, 附錄 등의 총칭이다. 形態記述事項의 첫 번째 記述要目은 출판물의 面數 표시 또는 두 책 이상의 경우는 冊數 표시이며, 두 번째 要目은 그 출판물의 揷圖표지 또는 揷圖에 대한 記述, 세 번째 要目은 출판물의 크기, 네 번째 要目은 그 출판물에 수록된 附錄資料에 관한 記述이다.

記述方法은 앞의 出版年度 다음에 그 行을 이어서 한자 띄고 記載하되 새로 行을 바꿔야 할 경우는 다시 둘째 indention에서부터 적는다.

⑦ 續刊事項(series area)은 續刊物 名(series), 下位續刊物名表示, 續刊物의 卷次, 國際標準連續刊行物番號(ISSN)등의 총칭이다. 續刊事項의 첫 번째 要目은 續刊物名表示이며, 두 번째는 下位續刊物일 경우 그 續刊物名表示, 세 번째 要目은 續刊物番號와 下位續刊物番號, 네 번째 要目은 그것이 연속적인 學位論文일 경우 그 표시, 다섯 번째 要目은 國際標準連續刊行物 番號(ISSN), 여섯 번째 要目은

중첩적인 續刊物일 경우 그 표시이다.記述方法은 形態記述事項 다음에 그 行을 이어서 적는다. 이 事項은 종래의 叢書註記事項이라고 했으나 이것은 이제 註記事項에서 독립된 것이라고 볼 수 있다.

⑧ 註記事項(note area)

註記는 規則 上 이상의 記述事項이나 要目에 기술하지 못한 情報를 추가로 補完하고 부연해 주는 文句를 의미한다. 따라서 註記에는 그 출판물의 物理的 形態(外形)나 內容에 관해서 어느 것이고 言及할 수 있다. 그리하여 註記事項은 一般註記, 內容註記로 구분해서 생각할 수 있다.

一般註記는 그 圖書의 特徵, 性格 등을 설명하는 事項이며, 또한 續刊事項까지의 記載事項에 관해서 설명을 가할 필요가 있을 경우에 記述하는 註記이다. 內容註記는 數種의 著作을 모은 圖書나 書名이 충분히 그 內容을 나타내지 못한 圖書의 경우에 이를 밝히는 註記이다.

記載位置는 續刊事項 또는 形態記述事項 다음 行의 제 2 indention에서 右側으로 記載한다.

⑨ 國際標準圖書番號(ISBN) 裝幀 價格事項은 이 語句 그대로 ISBN과 冊의 裝幀과 價格에 관해서 記述하는 부분인데 이 事項은 記述事項 다음에 한 줄을 띄고 둘째 indention부터 위의 순서대로 記述한다.

⑩ 標目指示事項(tracing)은 다음 項에서 설명할 基本著錄의 標目과 共著者 名, 譯者 名, 書名, 主題 名 등을 標目으로 하는 여러 가지 補助著錄이 작성되는데, 여기에서 그 順次와 形式을 指示하는 機能을 가진다. 記載方法은 일반적으로 基本著錄Card (unit card)의 下部에 제 2 indention부터 右側으로 記述한다.

記述順位는 아라비아수자 1, 2, 3……의 일련번호를 매기되 基本標目을 첫 번째에 기술하고 두 번째부터는 副出標目을 기술한다. 副出標目의 順位는 共著者 名, 譯者 名, 書名, 副書 名, 續刊物 名, 主題 名, 分類記號 등으로 하고, 東洋書의 경우 모든 標目의 指示는 한글로　表記한다.

(도 3) 事項을 單位로 한 著錄의 原型

標　　目	
분류기호 문헌기호	書名/著者表示事項.－版次事項.－發行事項.－ 形態記述事項.－續刊事項 註記事項 **ISBN** 裝幀 價格事項 標目 指示事項
	○

이상에서　提示한　著錄의　原型에　따라　실제의　資料로써　崔鎬鎭이　著述한　經濟原論을　例로　들어서　이에　대한　著錄을　作成하면　다음과　같다.

(도 4) 실제 著錄의 例

표　　목	
330 초683겨	經濟原論/崔鎬鎭 著.－新版.－서울 : 普文閣, 1968.－380p,; 21cm 양장, 5000원 1. 최호진 2. 서명; 경제원론 3) 경제학 4) 330
	○

위에서 **330**은 **DDC**에 의한 경제학의 分類番號이고, 초683겨는 정필모 편 「韓國文獻記號表」에 따른 문헌기호이다. "經濟原論/崔鎬鎭著"는 書名著者表示事項이고, "－新版"은 版次事項이며, "서울; 普文

閣, 1968"은 發行地, 發行處, 發行年度로서 이를 發行事項이라고 하는 것이다. ".－380p. 21cm"는 冊의 page 數와 冊의 크기로서 이를 形態記述事項이라고 한다. "양장, 5000원"은 裝幀 價格表示事項이고 맨 끝의 1. 2. 3) 4) 다음에 각각 기술된 것은 標目指示事項으로서 이 事項들은 각각 맨 위의 "표목"의 자리에 별도의 Card 에 表示되도록 指示해 주는 것이다.

이 著錄Card의 記載事項을 위의 "著錄의 原型"에 比較하면 여기에는 "續刊事項"과 "註記事項" 및 "ISBN"이 記載되어 있지 않다. 그러나 崔鎬鎭이 著述한 經濟原論에 대해서는 이러한 事項들이 없기 때문에 著錄에 記述할 필요가 없는 것이다.

C. 句讀法

ISBD(M)의 각 要目은 모두 所定의 句讀點을 앞세워 적는다. 所定의 句讀點의 앞과 뒤는 각각 빈칸 하나를 띄운다.

각 事項 (area)의 앞에는 마침표－빈칸－붙임표－빈칸 (. －)의 句讀點을 사용한다.

다음의 句讀點記號는 모든 書誌記述에 적용된다.

a) 角括孤 ([ ])는 각 事項에 대한 基本典據 (Prime sources) 이외의 다른 典據에서 얻은 情報를 나타내는데 사용한다.

b) 省略表示 (……)는 어떤 事項의 要目中 그 한 부분을 省略할 경우에 사용한다. 이상은 각 事項 (area)과 書誌記述의 전반에 걸친 일반적인 句讀法이며, 事項 (area)의 각 要目사이의 句讀法은 다음에 설명하는 바와 같다.

1. 書名著者表示事項

a) 모든 對等書名은 等號 (=)를 앞세워 적는다.

b) 모든 餘他書名은 콜론 (:)을 앞세워 적는다.

c) 書名 다음의 著者表示는 사선 (/)을 앞세워 적는다.

d) 두 번째 또는 그 다음의 著者表示는 쎄미콜론 (;)을 앞세워 적는다. 앞의 표시가 連桔語句 (예: **and**)로 결합되어 있는 경우에도 이 原則에 따른다.

e) 한 出版物에 수록된 著者가 각기 다른 별개 著作物들의 本書名들은 각각 마침표 (.)로 구분한다. 다만 그들이 連結語句로 결합되어 있는 경우에는 예외로 한다.

f) 한 出版物에 수록된 同一著者의 著作들의 本書名들은 쎄미콜론으로 분리한다. 다만 그들이 連結語句로 결합되어 있을 경우에는 예외로 한다.

예시:

本書名＝對等書名/著者表示

本書名: 餘他書名/著者表示

本書名: 餘他書名＝對等書名: 餘他書名/著者表示

本書名/著者表示＝對等書名/著者表示

本書名/著者表示; 두 번째箸作性表示; 세 번째著作性表示

2. 版次事項

a) 版事項은 마침표－빈칸－붙임표－빈칸 (. －)을 앞세워 적는다.

b) 당해 版本에 관련된 첫 번째 著者表示는 사선 (/)을 앞세워 적는다.

c) 당해 版本에 관련된 두 번째 또는 그 이하의 箸作性表示는 쎄미콜론 (;)을 앞세워 적는다.

예시:

. -版次表示

. -版次表示/著者表示

. - 版次表示/箸者表示; 두 번째 著作性表示

3. 發行事項

a) 發行事項의 첫 번째 要目은 發行地이며 發行地는 마침표-빈칸 -붙임표-빈칸 (. -)을 앞세워 적는다.

b) 두 번째 또는 그 이하의 발행지는 쎄미콜론 (;)을 앞세워 적는다.

c) 각 發行 處名은 콜론 (:)을 앞세워 적는다.

d) 發行年度는 콤마 (,)를 앞세워 적는다.

e) 印刷地와 印刷處名은 원괄호 (( ))로 묶는다. 괄호속의 要目에 대해서는 發行地와 發行處에 적용한 것과 동일한 句讀法을 적용한다.

예시:

.- 發行地: 發行處名, 發行年度: 印刷處名

.- 發行地; 發行地: 發行處名, 發行年度

.- 發行地: 發行處名; 發行地: 發行處名, 發行年度

4. 形態記述事項

a) 形態記述事項은 마침표-빈칸-붙임표-빈칸 (. -)을 앞세워 적는다.

b) 삽도표시는 콜론 (:)을 앞세워 적는다.

c) 크기는 쎄미콜론 (;)을 앞세워 적는다.

d) 附錄資料의 표시는 앰퍼샌드 (&)를 앞세워 적는다. 그러나

東洋의 資料에 대해서는 "및"이라는 文字로 적는다.

예시:

.－ 卷冊數: 삽도표시; 크기

.－ 面數: 삽도표시; 크기

.－ 面數 ; 크기 **&** 附錄資料表示

5. 緇刊事項

a) 續刊事項은 마침표－빈칸－붙임표－빈칸 (．－)을 앞세워 적는다.

b) 對等續刊物名은 등호 (＝)를 앞세워 적는다.

c) 下位續刊物名은 콜론 (：)을 앞세워 적는다.

d) 續刊物이나 下位續刊物의 卷次는 쎄미콜론 (；)을 앞세워 적는다.

e) ISSN은 빈칸을 앞세워 적는다.

f) 각 續刊物名은 원괄호 (( ))로 묶는다.

g) 두 번째 세 번째의 續刊物名表示는 빈칸을 앞세워 적는다.

예시:

.－ (續刊物名＝對等續刊物名)

.－ (續刊物名; 續刊物番號 ISSN)

.－ (續刊物名: 下位續刊物名; 續刊物番號 ISSN)

.－ (續刊物名; 續刊物番號; 下位續刊物名; 下位續刊物番號)

.－ (續刊物名: 下位續刊物名＝對等續刊物名: 對等下位續刊物名; 下位續刊物番號 ISSN)

.－ (續刊物名 ISSN) (두 번째 續刊物名 ISSN)

6. 註記事項

a) 각 註記間은 마침표－빈칸－붙임표－빈칸(．－)으로 구분한다.

b) 각 註記마다 行을 달리해서 적을 경우는 이 句讀點을 생략하거
나 마침표로 이를 대신한다.

c) 註記內에서도 事項 1로부터 事項5까지는 소정의 句讀法을 적용
한다.

예를 들면 註記內에서도 書名과 著者表사이를 사선(/)에 의하여 구
분한다.

7. ISBN 裝驢 價格項

a) ISBN 裝幀 價格事項은 마침표－빈칸－붙임표－빈칸(.－)을
앞 세워 적는다.

b) 두 번째 세 번째의 ISBN 裝幀 價格表示는 콜론 (:)를 앞세
워 적는다.

예시:

.－ ISBN 裝幀: 價格

.－ ISBN 裝幀 : 價格. ISBN 裝幀: 價格

.－ ISBN: 價格

.－ 裝幀: 價格

D. 所定句讀法一覽

이상에서 설명한 標準書誌記述法에 적용되는 모든 句讀點을 다시
요약하여 整理하면 다음과 같다.

.－   書名著者事項을 제외한 모든 事項(area)의 앞에

=   對等書名, 對等續刊物名 앞에

:   餘他書名, 餘他書名情報, 發行處, 印刷處, 삽도표시, 下倖續刊

物名, 價格 등의 앞에

/   첫 번째 著者表示, 당해 版本에 관련된 첫 著者表示 등의 앞
에

;   두 번째 이하의 著者性表示, 당해 版本에 관련된 두 번째 이
하의 著者性表示, 두 번째 이하의 印刷者, 책의 크기, 續刊物
또는 下位續刊物의 卷次 등의 앞에

,   發行年度表示의 앞에

.   한 出版物에 수록된 著者가 각기 다른 별개의 本書名들을 구
분하는 경우, 두 번째 이하의 ISBN 裝幀 價格表示의 앞에

&   附錄資料表示의 앞에

[ ] 基本典據 이외의 다른 典據에서 얻은 情報를 表示하는 경우

…… 어떤 事項의 要目中 그 한 부분을 생략하는 경우

( ) 각 續刊物名表示

(도 5) 記述要目에 따른 著錄의 原型

標 目	
분류번호 문헌기호	書 名 = 對等書名: 餘他書名/첫째著者名; 둘째著者名.-版次事項.-發行地: 發行處, 發行年度.-페이 지 수: 揷圖表示; 크기. -(속 간물명 ; 卷次번호 ISSN) 註 記 事 項 ISBN 장정: 가격 1. 기본표목 2. 공저자명 3. 서명 4. 부서명 5. 속간물명 6) 주제명

이상에서 例示한 著錄의 記述要目의 原型에 따라 실제의 資料로써
著錄을 作成하면 다음과 같다.

	文學의 理論＝Theory of Literature/R. 웰렉, A. 위렌共著; 金
801	秉喆 譯. －第3改訂版. －서울: 乙酉文化社, 1982.－449p.
W447t기	22cm. －(乙酉新書 006). －종이제본: 5,000원
	原著者; René Wellek, Austin Warren.

　　1. Wellek, René 2. Warren, Austin 3. 김병철 역.
　　4. 서명; 문학의 이론 5. 서명: Theory of Literature

○

　　위에서 "801"은 DDC에 의한 文學理論의 分類番號이고 "W447t
기"는 Cutter-Sanborn表에 의한 著者記號이다. "文學의 理論"은 번역
서명이고, Theory of Literature는 原書名인데 이를 對等書名이라고
한다. R. 웰렉과 A. 위렌은 原箸者名을 한글로 表記한 것인데 標題
紙에 나타나 있는 대로 옮긴 것이다. 이 冊은 번역서로서 原箸者를
첫째 著者라 하고 改訂者나 飜譯者를 둘째 著者라고 한다.

　　그러므로 "金秉喆"이 둘째 著者이다. "第3改訂版"은 原著의 版次
事項이고 "서울"은 發行地, "乙酉文化社"는 發行處, "1982"는 發行
年度이다. "449p."는 冊의 페이지수이고, "22cm"는 冊의 크기이며,
"乙酉新書006"은 이 冊의 속간물명과 그 卷次번호이다. "原著者;
René Wellek, Austin Warren"은 註記事項으로서 原著者의 原名을
밝혀준 것이다. 이 冊에 ISBN은주어지지 않았기 때문에 여기에서는
생략되었다. 다음의 1번부터 5)번까지에 주어진 것은 標目指示事項
이다.

Ⅸ. 情報採記의 典據와 表現形式

A. 情執採紀의 典據

한 著錄을 記述하는 데 있어서 무엇을 根據로 해서 記述하느냐 하는 것은 종래의 거의 모든 目錄規則에서 거의 유사하게 규정해 왔으나 이에 대한 原則이 ISBD(M)에 의해서 國際的으로 確定되었다고 볼 수 있다. 그리하여 여기에서는 ISBD(M)에 있어서의 이에 대한 原則을 그대로 轉記하고자 한다.

"出版物을 記述함에 있어서 사용될 情報는 정해진 순서에 따라서 所定의 典據에서 採記한다. 만약 그 情報가 제1의 典據로부터 취할 수 없을 경우는 제2의 典據로부터 취하고, 제2의 典據로부터 취할 수 없을 경우는 제3의 典據로부터 취하며, 제3의 典據로부터 취할 수 없을 경우에는 제4의 典據로부터 취한다."[1]

1. 典據選擇의 優先順位

① 標題面[2]

② 그 밖의 卷頭紙面(예: 略標題面 및 版權記)

---

1) 어떤 條項에서는 採記할 수 있는 典據의 수에 制約이 있음에 注意해야 한다.
2) 만일 한 出版物이 두개 이상의 標題面을 가지고 있을 경우는 本書名이 취하여진 標題面을 제1의 典據로 간주한다.

③ 당해 出版物의 나머지부분(序文, 머리말 등, 本文과 附錄 ,表紙와
   책 등=書背)
④ 당해 出版物 외에서 얻은 情報

2. 情報採記의 基本典據

각 事項을 위한 "情報採記의 基本典據"는 다음과 같다. 基本典據
이 외의 다른 典據에서 採記한 情報는 각괄호([ ])에 묶어 적는다.

事   項

1. 書名著者表示事項   標題面3)

2. 版次事項   標題面, 그 밖의 序頭紙面 및 版權記

3. 發行事項   標題面, 그 밖의 序頭紙面 및 版權記

4. 形態記述事項   당해 出版物 自體

5. 續刊事項   당해 出版物 自體

6. 註記事項   아무데서나

7.ISBN 裝幀 價格事項   아무데서나

基本典據 이외에서 얻은 要素가 同一項目 내에서 여러 개 연속된
것은 그 전부를 한 쌍의 각괄호로 묶어 적을 수도 있고 하나하나 別
個의 각 괄호로 묶어 적을 수도 있다.

---

3) 韓·中·日書에서는 標題面 및 版權記.

B. 書誌情報의 表現形式

1. 記述의 言語와 文字

이상의 事項 1, 2, 3, 5의 要目들은 일반적으로는 그 出版物에서 옮겨 적는다. 따라서 그 出版物에 나타난 言語와 文字로 記述한다. 事項 1, 2, 3, 5에서의 補記語句는 앞뒤의 글에 쓰인 言語와 文字에 맞추어 적는다. 事項 4, 6, 7에 쓰이는 用語와 圖書館에서 補記되는 情報는 그 圖書館이 속하는 나라의 言語와 文字로 적는다.

2. 略語와 略字

ISBD(M)에 있어서 로마자 기록을 위한 略語와 略字는 다음과 같이 사용할 것을 권장하고 있다.

書名著者表示事項에 쓰이는 略語	et al.=et alii(등=等)
發行事項에 쓰이는 略語	
(發行地未詳 또는 印刷地未詳)	s.l.=sine loco
(發行處未詳 또는 印刷處未詳)	s.n=sine nomine
形態記述事項에 쓰는 略語	ill.=illustraion(揷圖)
	cm=센티미터

단 東洋書에 대한 書誌記述에 있어서는 et al,은 "등"(等)으로 表示하 고, s.l.은 發行地不明 또는 印刷地不明으로 表示하고, s.n.은 發行處不明으로 表示하고,ill.은 "삽도" (揷圖)로 表示하며, cm는 그대로 쓰는 것이 좋을 것이다.

3. 大文字法

일반적으로 ISBD(M)의 각 事項에 나타나는 첫 낱말의 첫째 文字(예 本書名, 續刊物名, 註記 등의 첫째 文字)는 大文字로 적어야 한다. 그러나 이것은 로마자를 사용하는 記錄資料 에 한하며, 우리나라나 東洋圈의 資料에 대해서는 일반관례에 따라 大文字法을 사용하지 않는다.

4. 誤字와 誤植

誤字와 誤植은 있는 그대로 轉載하고 그 다음에 [sic] 나 〔!〕를 덧붙이거나, 그의 正字를 각괄호로 묶어서 補記할 수 있다.

예: Chansons crees et interpretes [sic]

The world in [d〕 anger

Looser 〔i.e. Loser] takes all

X. 單行本에 대한 標準書誌記述法

　여기에서 單行本(monograph)이란 圖書, 팜플렛, 單面印刷物 등을 의미한다.

　圖書는 일반적으로 49페이지 이상(表紙는 제외하고)의 非定期的인 出版物을 의미하며, 팜플렛은 49페이지 미만의 出版物을 의미하고, 單面印刷物은 한 면만 印刷된 것으로 보통 광고하기 위해서 大衆에게 보급되는 出版物을 의미한다.

　따라서 圖書形態의 資料中 連續刊行物에 대해서는 다음 章에서 별도로 다루고, 筆寫資料, 마이크로형태의 資料 및 기타의 특수한 資料는 여기에서 제외하고자 한다.

　前項에서 살펴본 바와 같이 單行本에 대한 基本著錄의 記述順位로 보면 우선 請求番號와 標目이 먼저 기재되지만 請求番號는 分類에 관한 問題이며, 標目은 書誌的記述事項과는 별개의 槪念이라고 생각되기 때문에, 여기에서는 편의상 書誌的記述에 관한 事項을 먼저 다루고, 標目의 문제는 다음 章에서 별도로 다루고자 한다.

　Ⅵ節 H項에서 설명한 바와 같이 單行本에 대한 書誌記述法은 1973年 12月에 ISBD(M)이 完成되므로서 國際的으로 標準化하기 위한 基本的書誌記述法이 결정되었고, 이에 따라 1978年에 AACR 2가 完成되어 出版되었다. 그리고 1983년에 改訂된 KCR3도 ISBD에 따른 것이다. 그리하여 여기에서는 주로 ISBD(M)과 KCR3에 준해서 설명하고자 한다. 前章에서 著錄의 記述事項과 順位 및 句讀法도 물론 ISBD(M)이나 KCR 3에 따른 것이다.

A. 書名著者表示事項

1. 本書名

a) 書名著者表示事項의 첫 번째 要目은 本書名이다. 本書名은 標題紙 또는 版權記에서 옮겨 적는다. 이들 語句와 綴字 및 用字는 그대로 옮겨 적는다, 그러나 大文字法, 句讀法은 所定의 規程에 따라야 한다. 단 本書名이 너무 긴 경우에는 本書名의 중간부분이나 끝부분을 縮略하여 적을 수 있다.

b) 標題面 또는 版權記에 기재된 書名의 順次나 活字크기 또는 그 出版物의 主部分에 쓰인 言語 또는 文字와의 일치 與否 등을 참작하여 결정한다.

c) 한 出版物이 두개 이상의 標題面을 가지고 있을 경우 複數言語나 複數文字로 된 出版物이 다른 言語나 文字로 쓰인 標題面을 저마다 가지고 있을 경우의 本書名은 그 出版物의 主部分에 쓰인 言語나 文字와 일치하는 標題面에서 取擇한다. 만약 이 규범을 적용할 수 없을 때에는 서로 마주보고 있는 두 標題面의 右側(縱書로 쓰인 경우는 左側)의 것을 取擇하며, 두개 이상의 標題面이 모두 한쪽 면에만 있는 것은 그 중 첫 번째의 것을 取擇한다.

d) 標題面에 著者表示나 餘他書名이나 續刊物名이나 그 밖의 記錄이 本書名보다 先行되어 있을 경우에도 本書名을 記述의 첫째 要目으로 삼는다.

e) 著者表示, 發行處名 또는 그 밖의 情報가 言語的인 면에서 本書名의 일부분을 이룰 경우에는 이를 있는 그대로 轉記한다.

Marlowe's Plogs	李光洙全集, 孫子兵法
Revai Nagy lexicone	咸錫憲人論
Newcomb-Engelman's populare Astronomic	

f) 書名은 없고 著者名만이 있는 出版物은 그 著者名을 本書名으로 삼는다.

Sophocles   孟子, 老子, 莊子
The British Museum

g) 한 標題面이 그 出版物에 수록된 두 著作 이상의 書名들을 지니고 있고, 이의 綜合本書名이 없을 경우에는 그들 著作의 書名을 標題紙에 기록된 順次 또는 活字크기가 暗示하는 순서에 따라 적는다.

The double-dealer; Love for love, The way of the world;
The mourning bride/by William Congreve, Flash and filigree
and, The magic Christian/by Terry Southem
사람의 아들: 塞下曲/李文烈.
한글맞춤법 개정시안; 표준말 재사정; 외래어 표기법시안/문교부

h) 만약 標題面이 綜合本書名과 개별著作의 書名을 동시에 가지고 있을 경우에는 個別著作의 書名은 註記에 적는다.

Three plays of the 60a
註記: Contents: The homecoming/by Harold Pinter.
        Chips with everything/by Arnold Wesker.
        Marching song/by John Whiting
i) 別書名이 있을 경우는 그것을 本書名의 일부분처럼 다룬다.
Eric, or, Little by little.
춘향전 혹은 성춘향

2. 對等書名, 餘他書名

a) 對等書名이나 餘他書名이 있을 경우는 그것이 書名著者表示事項의 두 번째 要目으로서 標題面에 나타난 그대로의 用字(wording)로 轉載한다. 다만 大文字法과 句讀法은 예외로 한다. 그러나 餘他書名이 긴 경우에는 줄여 적을 수 있다. 標題面 이외에 그 出版物 속에 나타난 對等書名이나 餘他書名은 註記에 表示한다.

b) 對等書名은 標題面에 기록된 順次 또는 活字크기가 暗示하는 순서에 따라서 옮겨 적 는다.

> Einfuhrung in die Blutmorphologie=Introduction to the morphology of blood.
> 大學圖書館=University Libraries for Developing Countries.

c) 餘他書名은 標題面에 기록된 順次 또는 活字크기가 暗示하는 順序에 따라서 옮겨 적는다.

d) 餘他書名情報는 本書名, 그리고 對等書名이나 餘他書名이 있으면 그 다음에 옮겨 적는다.

> Horroman: the life of Boris Karloff: with an appendix of the films in which he appeared.
> 만다라=曼陀羅: 長篇小說

e) 標題面에 그 出版物의 原書名이 나타나 있고 原文 또는 原文의 要約文을 수록하고 있거나, 標題面의 本書名 앞에 原書名이 나타나 있을 경우는 이를 對等書名처럼 옮겨 적는다.

> Twenty love poems and a song of despair=20 poems de amor Y uno Cancion desesperada/Pablo Neruda.
> (註)Contains parallel Spanish text and English translation.

그 밖의 경우는 原書名을 書名事項에서는 생략하고 註記에 적을
수 있다.

Die Geschichte von Frau Tiggywinkle/Von Beatrix Potter.
(註) Translation of: The story of Mrs. Tiggywinkle.
參考奉仕/盧玉順 譯
(註) 원서명: Introduction to reference work Vol. Ⅱ/by
     William A. Katz.

3. 著者表示

a) 著者表示는 書名著者表示事項의 세 번째 要目이다. 이 要目에
서 著者表示란 個人이든 團體이든 그 著作物의 知的·藝術的 內容에
대한 貢獻者로서 그 著作의 本文의 著者, 編者, 譯者, 揷圖者, 改訂
者 등에 대한 表示를 의미한다.

b) 著者表示는 標題面 또는 그 出版物의 다른 부분에 수록되어 있
는 用語 그대로 적는다. 만약 著者表示가 標題面에서 採記한 것이
아니고 그 出版物의 다른 부분에서 採記한 경우는 이를 각괄호로 묶
어 적는다.

An introduction to statistical science in agriculture/by D. J.
Finney
Bears/〔Written and planned by Jenifer Vaughan〕.
(註) Author statement taken from title-page verso.
세종대왕/홍이섭 지음.   예루살렘入城記/閔泳珪著.
     (著者表示 版權記에서 採記)
A man's mistake/by the author of st Olavés

c) 그 出版物 이외의 다른 典據에서 採記한 著者表示는 書名著者

表示事項에 포함시키지 않는다. 만약 그러한 著者表示가 필요한 경우는 註記에 적는다.

　d) 著者表示로 간주될만한 일반 語句表示(statement)는, 그 出版物에 人名이나 團體名이 기재되어 있을 경우, 그것이 중요하다고 판단될 경우에 한해서 옮겨 적는다.

> The eternal smile and other stories/by Par Lagerkaist; translated from the Swedish.

　e) 著者表示와 그에 관련된 書名間의 관계가 분명하지 못할 경우는 이들 관계를 명확하게 하는 語句를 補記해야 한다.

> 예: Phaedra: Racine's Phedra/[verse translation by] John Lowell

個人著者의 경우에 著者表示와 書名間의 文法的 관계가 표시되어 있지 않은 경우에는, 標題面에 쓰인 적절한 낱말이나 간단한 語句로써 書名과 著者表示間의 관계를 연결할 수 있다.

> 예: Heil Harris!: a novel based on the television series 'The Avenger's/[by] John Garforth.

　f) (學位, 職銜, 字, 號 등의 省略)著者名의 앞 또는 뒤에 附記되어 있는 學位, 職銜 및 이와 유사한 稱號, 敬稱과, 그리고 姓과 名을 갖춘 이름으로 國名, 本貫, 字, 號 등을 나타내는 語句는 석점줄임표(……)없이 그의 기재를 생략한다. (KCR3, p.39)

> 오늘의 世界/林漢永 著
> (표제 면에는: 林漢永博士 著)

文酒半生記/梁柱東 著
(표제 면에는: 无涯 梁柱東 著)
麗韓十家文抄/王性淳 輯
(이를 취한 정보원에는: 開城王性淳原初 輯)
……/by Harry Smith
(이를 취한 정보원에는: by Dr. Harry Smith)

다만 다음의 경우는 例外的으로 포함시켜 기재한다.
그러한 稱號나 敬稱이 사람을 식별하는 데 필요할 경우

　……/by Mrs. Charles H. Gibson

그 稱號가 西洋人의 爵位 또는 이에 준하는 것일 경우(예: Sir, Dame, Lord, Lady 등)
g) (書名속에 包含된 著者表示) 本書名이나 副書名 속에 著者名이 포함되어 있는 것은, 標題面에 별도의 著者表示가 마련되어 있는 경우와 書名속에 包含된 著者名이 그 著者에 대한 표준적 標目으로서의 이름과 다른 것일 경우를 제외하고는, 著者表示를 하지 아니한다. (KCR3, p.40)

저자표시를 안하는 경우의 예:

李建昌全集
趙芝薰全集
정다운 사람들: 李鳳順에세이
엄마와 선생님께: 어린이 교육을 위하여 : 洪雄善敎育에세이
이솝寓話集/조동화 역
Goethes Stüke
Works of William Shakespeare

저자표시를 해야 하는 경우의 예:

秋史集/金正喜 著; 崔完秀 譯註
素月의 名詩: 칼러版/金素月 著
이충무공난중일기=李忠武公亂中日記/[이순신 저]; 문교부 편칸
트純粹理性批判/이마뉴엘 칸트 原著; 崔載喜 譯(표제 면에는 역
자표시만 있으나 판권기에서 보완하였음)
咸錫憲人生論/咸錫憲 著
나의 생활: 헬렌 켈러自叔傳/헬렌 켈러 著; 許鉉 譯(표제 면에
저자 표시적 부서명 말고도 별도의 원저자 표지가 되어있음)
Feminism and Vivian Gornick/Vivian Gornick(표제 면에 별도
의 저자표시가 되어있음) Malo's complete guide to canoeing
and canoe-camping/by John Malo
The John Franklin Bardin omnibus/John Franklin Bardin(표제
면에 별도의 저자표시가 되어있음)

h) (共著書의 著者表示) 標題面이나 版權記에 기재된 著者나 副次的
役割의 著者가 각기 셋 이내일 경우에는 그 전부를 기재하며, 넷 이상
일 경우에는 그 첫著者 또는 代表著者만 기재하고, 나머지 著者의 기
재는 생략하여, 東書는 '외'(또는 '外')字를, 洋書는 석점줄임표(……)를
친 다음 'et al.'을 각괄호 ([ ])로 묶어 표시한다.(KCR3, p.41)

정밀가공/김영철, 심영일 공저
표준 국어사전/편저자: 신기철, 신용철
현대인의 언어생활/강윤호, 박봉배, 이병호 지음
春香傳比較研究/金東旭, 金泰俊, 薛盛璟 共著
建築計劃各論/金正秀 〔外〕著(표제 면에는: 金正秀, 金熙春, 劉
熙俊, 尹道根, 李廷德 共著)
Telurlium and the tellurides/by D. M. Chizhikov and V. P.
Shchastlivyi

The world of the lion/by Samuel Devend... [et. al.]
Industrielle Kastenrechnung/Dietere Ahlert, Klaus Peter Franz

B. 版次事項

a) (版次)版表示는 그 도서의 標題面, 版權記, 略標題面, 卷頭, 책 등, 表紙 등에 표시되어 있는 用字 그대로 기재한다. 다만 모든 數字는 아라비아數字로 통일하여 기재하며, 西洋語의 일반어귀는 소정의 표준에 약어 형으로 고쳐 표시한다. 初版(第1版)의 표시는, 그것이 標題面에 표시되어 있지 않는 한, 기재하지 아니한다. (KCR3, p.43)

도서상의 표시	기술상의 표시
增補改正版	增補改正版
개정중보판	개정중보판
三訂版	3訂版
再版	再版
둘째판	둘째판
第三改正版	第3改正版
改正三版	改正3版
Second Edition	2nd ed.
Edition 18	Ed. 18
Fourth Revised Edition	4th rev. ed.
Revised Fourth Edition	Rev. 4th ed.
Fourth Edition Revised	4th ed., rev.
Six Edition Completely Revised	6th ed., completely rev.

b) ('版' 字의 補記) '판'(版, 또는 edition)字가 붙지 않은 版表示는 이를 補完하여 기재한다.

　　신사임당의 생애와 예술/이은상 지음. −보유수정〔판〕
　　(표제 면에서는: 보유수정 신사임당의 생애와 예술)
　　國文學槪論/金東旭 箸. −改正[版]
　　(표제 면에는: 改定 國文學槪論)
　　新經濟原論/스토니어〔外〕著; 정병휴 譯. −增補改譯[版]
　　(표제 면에는: 增補改譯 新經濟原論)

다만, 古典籍의 書名머리에 '增補', '新增' 등의 어귀가 붙어 관용 상 그것이 書名을 이루는 不可分의 要素가 되어 있을 경우에는 그 形 그대로 서명머리에 기재한다. (KCR3, p.44)

　　增補文獻備考
　　新增東國輿地勝覽
　　新增類合

c) (雜題인 版, 또는 書名의 一部인 版) '판'(版)字가 붙은 어귀이 되 그것이 그 箸作의 다른 版과의 內容的 形態的인 變異를 가리키는 것이 아니고, 그 著作의 특성을 설명하는 어귀일 경우에는, 雜題 또 는 書名의 一部로 보아 처리한다.(KCR3, p.44)

　　國文版 논어/愼弘重 譯
　　세계아동화집: 올칼라판/김정 편저
　　續 神과 악마의 童話: 칼라版 Star Story/金柱東 編著

d) 特定版에 관련된 著者表示
어떤 特定版에만 관련된 著者表示는 그 特定版 (해당판)의 版表示

다음에 기재한다.

> 日本十進分類法/もり・きよし原編. ―新訂8版/日本圖書館協會分類委員會改訂 간이도서관목록법/수잔 그레이 에이커즈 지음. ―4판/김중한 옮김
>
> Economic history of England: a study in social development/by H.O. Meredith. ―5th ed./by C. Eillis
>
> The Well-beloved: a sketch of a temperament/Thomas Hardy. ―New Wessex ed./introduction by J. Hillis Miller; notes by Edward Mendelson
>
> A Short history of the Catholic Church/by Philip Hughes. ―8th ed./with a final chapter (1966-1974) by E. E. Y. Hales

e) 한 出版物이 두 가지 이상의 言語나 文字로 쓰인, 版에 관련된 著者表示 또는 版表示를 지니고 있을 경우에는, 그 出版物의 주부분의 言語나 文字로 쓰인 表示 또는 맨 처음에 나타난 表示를 版次事項으로 적는다. 그 밖의 모든 表示는 생략한다.

> 예: Handbook on the international exchange of Publications. =Manuel des échanges internationaux de publications. ―3rd d./edited and revised by Gisela von Busse

f) (刷次의 表示) 刷次表示는 원칙적으로 기재하지 아니한다. 그러나 굳이 그 刷次를 밝힐 필요가 있을 경우에는 이를 기재하되, 版表示가 있으면, 그 다음에 기재한다, 東書에서, 표시되어 있는 '版' 字가 실제로는 '刷'字의 뜻을 지니고 있을 경우에도 이에 준한다. (KCR3, p.45)

5판[실은 5쇄]

增補改正 14版 [실은 14刷]

4th ed., [3rd impr.]

C. 發行事項

1. 發行地

a)(總則) 發行地는 그 出版物에 기재된 發行 處의 所在地名을 市 (또는 府, 都), 邑, 郡(또는, 縣)을 단위로 기재한다. 이때 市邑의 경우는 행정구역의 단위명칭 (예 : 市·'特別市'·'直轄市'·'都'·'府') 은 제외하고, 그 밖의 경우(예: '邑'·'郡' 등)는 단위명칭을 붙여 기재한다.

서울　　　　London

大邱　　　　New York

溫陽邑　　　Dublin

梁山郡

b) (無名發行處의 發行地) 이름이 잘 알려져 있지 않은 發行處의 소재지명은 필요에 따라 市·邑·郡단위 이하의 주소를 적에 준다. 이때 그 주소는 그 쓰여 진 말의 어순에 따라 적되 으뜸전거에서 취택된 것일 경우에는 원괄호 (( ))로, 그 밖의 경우에는 각괄호 ([ ]) 로 묶어 표시한다.

梁山郡(下北面芝山里)

서울(中區墨井洞 18-27)

London [37 Pond Street, N. W. 3]

c) (發行地名의 文字나 綴字나 文法的形體)發行地名은 그 出版物에 쓰여 진 文字나 綴字나 文法的 格이나 活用形 그대로 기재하고, 식별상 정히 필요하다고 여겨질 경우에는 현재 통용되는 다른 이름을 각괄호 ([ ])로 묶어 補記한다.

漢城
京城
황성[서울]
Köln
Lerpwl [Liverpool]
Christiania [Oslo]
Mpls [i.e. Minneapolis]
Rio [de Janeiro]

d) (同名異地 등의 區別) 同名異地를 구별해 주거나, 어떤 地名을 좀 더 식별해 주어야 할 경우에는, 그보다 上位單位의 地名인 道名이나 國名을 그 地名 다음에 附記한다. 이때 附記되는 地名을 東書는 원괄호 (( ))로 묶어 기재하고 洋書는 쉼표(,)를 앞세워 기재한다. (KCR3, p.48)

定州郡(平北)
장성군(전남)
장성읍(강원도)
Cambridge, Mass.
Santiago,[Chile]
London, [Ontario]

e) (둘 이상의 發行地) 한 發行處가 두 곳 이상일 경우에는, 활자크기나 다른 방도에 의해 木據地로 推定되는 것을 發行地로 기재한다. 本據地를 가름하기 어려울 경우에는 맨 처음에 표시된 것을 기재한다. 外國 地名이 맨 처음 나오고 우리나라의 地名이 두 번째 이하에 나오는 것은 첫 번째 發行地에 이어 우리나라의 것을 倂記한다.

서울
(發行地가 서울, 大邱의 순으로 열기 되어 있고 이 發行處의 本據地가 서울인 경우)
大邱
(發行地가 大邱, 서울의 순으로 열기 되어 있고 大邱가 發行處의 本據地인 경우)
東京; 釜山
(우리나라 도서관 입장에서 기재한 것임)
Paris; New York
(한국이나 미국 도서관 입장에서 기재한 것임)

f) (發行地가 없는 것) 發行地가 그 出版物에 표시되어 있지 않은 것은 推定되는 것을 각괄호 ([ ])로 묶어 補記하고, 그 推定된 發行地가 不確實한 것일 경우에는 그 地名에다 의문부호(?)를 덧붙여서 이를 각괄호([ ])로 묶어 기재 한다

[大邱]
[서울]
[Amsterdam]
[Hamburg ?]

市·邑·郡名은 推定 안되나, 그보다 上位單位의 地名인 道名이나 國名은 推定되는 것은 그 道名이나 國名을 發行地로서 기재한다.

[日本]
[경기도]
[Canada]

만약 道名이나 國名마저도 推定안되는 것은, 東書는 '발행지불명' (또는 發行地不明), 洋書는 'S. l.'(sine loco)를 각괄호([ ])로 묶어 기재한다.

[발행지불명]
(발행처명이나 서명저자사항이 한글표기의 경우)
[發行地不明](발행처명이나 서명저자사항이 漢字표기의 경우)
[S. l.] (로마자표기의 양서의 경우)

2. 發行處

a) (總則) 發行處는 그 出版物에 표시되어 있는 名稱 그대로 기재한다. 發行處名이 略稱 또는 縮約形으로 쓰인 것은 식별상 모호성이 없는 한 그대로 기재한다.

: 종로서적
(표제 면에는 "종로서적"이고 판권기에는 "종로서적주식회사"로 표시되어 있는 경우)
: 權域書齋
: 斡光洙邸
: Aslib
(아님: Association of Special Library and Information Bureaus): Bietiti
(아님: Cass editrice Bietiti)

　b) (法人形態名 등의 省略) 發行處名의 앞이나 뒤에 다음과 같은
어귀가 붙어 있는 것은 식별상 모호성이 없는 한 이를 제외하고 기
재한다.

　　1. 韓中日語로 發行處名의 앞에 붙어 있는 法人形態 또는 業種
　　　名 등을 가리키는 말.
　　한국도서관협회
　　　　(出版物에는: 사단법인 한국도서관협회)
　　學園社
　　　　(出版物에서: 株式會社 學園社)
　　靑藍
　　　　(出版物에는: 도서출판 靑藍)

　　2.　西洋語로　發行處名의　뒷부분의　어귀중 'Incorporated',
　　　'Limited' 등의 法人形態를 가리키는 말과, 'and Company',
　　　'and Son' 등의 語句

　c) (發行處名의 縮約) 發行處名이 書名箸者事項에 포함된 이름과 동
일한 경우에는, 發行處名의 첫머리부분을 '동' ('同', 또는 'The')으로
대신해서 '同協會', 'The Association', '동내학교', 'The University'
와 같이 縮約하거나, 통용略稱으로 기재할 수 있다. 縮約을 요하는 發
行處名이 西洋人名일 경우에는 名(given name)부분을 頭文字로 줄여
기재한다.

　　연세대학교대학원요람/연세대학교 대학원 편집.-서울: 동 대학
　　원, 1982(출판물에 는: 연세대학교 대학원)
　　尙雲姜周鎭博士華甲記念論文集/尙雲姜周鎭博士華甲記念論文刊
　　行委員會.-. 서울: 同 論文集刊行委員會. 1980
　　(出版物에는: 尙雲姜周鎭博士華甲紀念論文刊行委員會)

The wonder of new life/Cleveland Health Museum. —
Cleveland: The Museum, 1971 Health today/issued by the
World Health Organization. — Geneva; London: WHO,
1970 Shadow dance/by Henry Clive Mackeson. —
London: H. Mackeson, 1971

d) (發行·配布·普及·印刷 등의 役割語) 配布地와 配布處, 普及地
와 普及處, 印刷地와 印刷處는 원칙적으로 기재하지 아니한다. 그러나
그것이 發行地와 發行處의 대체되는 것이거나 중요하다고 인정되는
경우에는 그것을 기재하고, 그의 役割語인 '配布', '普及', '印刷' 등을
附記한다. 發行處의 役割語中 '發行', '出版', '刊行', '印刷'
'Published by' 등의 어귀는 配布, 普及 등 그의 기능을 달리 하는 것
과 짝을 이룰 때만 기재하고 그 밖의 경우는 그의 기재를 생략한다.

: 靑丘文化社
  (出版物에는: 靑丘文化社刊行)
: 正音社
  (出版物에는: 正音社版)
: 국사편찬위원회 발행: 탐구당 번각반포.
  釜山: 東亞大學校出版部 發行; 서울: 太學社 普及
  Geneva: WHO ; London: distributed by H. M. S. O.
  London: Macmillan: Educational Service [distributor]

e) (準文章形式의 發行處表示) 洋書에 있어서 發行處의 表示가 準
文章形式으로 표현되어 있을 경우에는, "Published by"로 시작되는
것만 제외하고, 있는 그대로 記述한다.

: Published for the Royal Asiatic Society Korea Branch by
  Seoul Computer Press

: Distributed by New York Graphic Society

: Printed for the CLA by the Morris Pridt. Co.

다만

: Allen & Unwin

(出版物에는: Published by Allen & Unwin)

f) (둘이상의 發行處) 發行處가 둘 이상 표시되어 있을 경우에는 활자 크기나 그 밖의 방도로 推定되는 으뜸 發行處하나만을 기재한다. 그 으뜸發行處의 가름이 어려울 경우에는 최초에 표시되어 있는 發行處를 기재한다. 이상에서 採記되지 않은 나머지 發行處와 그들의 所在地名도 중요하다고 인정될 경우는 기재해 줄 수 있다.

London: W. H. Allen

(出版物에는: W. H. Allen과 Macmillan의 두 發行處名이 표시되어 있음)

London: Benn; Chicago: Rand McNally

(한국이나 미국도서관 입장에서 기재한 것임)

g) (發行處不明) 發行處名이 不明일 경우 東書는 '발행처불명' (또는 發行處不明), 洋書는's. n.' (sine nomine)을 각괄호 ([ ])로 묶어 기재한다.

서울: [발행처불경]

東京: [發行處不明]

Paris: [s. n.]

[발행지불명: 발행처불명]

[S. l.: s. n.]

3. 發行年度

a) 發行年度는 標題面에 표시되어 있는 紀年을 아라비아 數字로 기재한다. 發行年이 標題面에 표시되어 있지 않아 이를 標題紙 뒷面이나 版權記에서 採記할 경우에는 그 版으로서의 最初發行年을 기재한다. 西曆紀年이 아닌 紀年은 西曆으로 換算하여 그 年度를 각괄호([ ])로 묶어 그 採記된 紀年 다음에 附記한다.

두 가지 이상의 紀年이 倂記되어 있는 것으로 그 중에 西紀를 포함하고 있는 것은 西曆紀年을 採記하고 나머지 것은 필요에 따라 원괄호(( ))로 묶어 附記한다. '年'이란 年度의 단위어와 西紀의 年號는 기재하지 아니하고 그 밖의 年號는 있는 그대로 기재한다.

　, 1962
　　　(出版物에는: 西紀一九六二年十一月十日發行)
　, 檀紀4289[1956]
　　　(出版物에는: 檀紀四二八九年二月二八日發行)
　, 4290[1957]
　　　(出版物에는: 4290年 6月 10日 初版發行),
　, 5730 [1969 or 1970]
　, anno 18 [1939]
　　　(出版物에는: anno XVIII)

b) (發行年의 誤記) 그 出版物에 표시되어 있는 發行年이 잘못 표시 된 것임이 분명할 경우에는 그것을 있는 그대로 옮겨 적고 그의 옳은 것을 각괄호 ([ ])로 묶어 그 다음에 附記한다.

　, 1892[실은 1982]
　(東書의 경우)
　, 1697 [i. e. 1967]
　(洋書의 경우)

c) (發行年과 配布年이 다를 경우) 發行年이 그 出版物의 配布年과 다를 경우에는 필요에 따라 그 配布年을 發行年 다음에 附記해준다.

London: Macmillan, 1971[distributed 1973]

發行 年과 配布年이 다르고 發行處와 配布處도 서로 다를 경우에는 그 햇수를 각각 發行 處와 配布處에 짝 지워서 기재한다.

London: Educational Records, 1973: New York: Edcor [distributor],1975

d) (卷에 따라 發行年이 다른 경우) 두 卷冊 이상으로 이루어진 多卷本도 서로 卷에 따라 發行年이 다른 것은 그 發行期間의 햇수 사이를 짧은 붙임표 (−)로 이어서 기재한다.

, 단기 4290 [1957]− 4294 [1961]
, 1947-1957

아직 完刊되지 아니한 多卷本出版物은 最初의 發行年만 기재하고 짧은 붙임표(−)를 친 다음 數字녀자를 채울 공간을 비워둔다.

, 1981−
, 昭和 56[1981]−

e) (版權年과 印刷年) 그 出版物에 發行年은 표시되어 있지 않으나 版權年 또는 印刷年의 표시가 있는 것은 版權年에 대해서는 그 햇수 앞에 'c' 字를 冠記하고, 印刷年에 대해서는 그 햇수 뒤에 '인쇄' (또는 印刷, printing)이란 말을 附記한다.

, c1981

, 1981 인쇄(또는 印刷)

, 1981 Printing

　　(洋書의 경우)

f) (序 跋, 後記年) 版權年 또는 印刷年의 표시마저도 없는 것은 序文, 跋文, 後記 등에 표시된 날짜(年)를 기재하되, 東書는 날짜 뒤에 '序', '跋', '後記' 등이라 附記하고, 洋書는 날짜 앞에 이의 相等 語句(예 pref., introd. 등)를 冠記한다.

기　　술	推定의 상황
, [1981]	그 해가 확실하다고 볼 때
, [1980 아니면 1981]	(東書의 경우)
, [1980 or 1981]	(洋書의 경우)
, [1979?]	그 해일 것 같은데 불확실할 때
, [1965-1972]	그 年間의 어느 해라고 볼 때
, [1979 경] (또는 頃)	대강 짐작되는 해
, [ca. 1979]	대강 짐작되는 해(洋書의 경우)
, [197-?,]	그 십년대위 어느 해인지 확실하지 않을 때
, [18-?]	그 세기의 어느 해인지 확실하지 않을 때

, 1980序

, 1981 跋

, pref. 1980

, introd. 1981

g)(推定發行年) 發行年의 표시가 없을 뿐 아니라 版權年度 ,印刷年度, 序, 跋, 後記 등의 年度 표시도 없는 것은 본문 또는 참고문헌에서 推定되는 폭의 發行年을 각괄호 ([ ])로 묶어 기재한다.

D. 形態記述事項

1. 面張數 및(또는) 卷冊數

a) (總則) 한冊으로 완결된 單卷本은 面張數를 기재하고, 두冊 이상으로 이루어진 多卷本은 卷冊數를 기재함을 원칙으로 한다.

<單卷本>

b) (面張數의 數字) 그 出版物에 매겨진 각 순서표시의 마지막 數字를 아라비아數字로 통일하여 기재한다. 다만 다른 數字와의 區別을 위해서 쓰여 진 로마數字는 그대로 기재한다.

289 p.
    (出版物에는: 二八九)
187 p.
    (出版物에는: clxxxvii)
658장
    (出版物에는 千字文의 순차로 天, 地, 玄, 黃……戴)
x vi, 139 p.

c) (面張數의 單位名稱)面張數매김의 單位名稱은 다음과 같이 표시한다.
  가. (p. 또는 面) 各張의 양쪽面에 순차가 매겨져 있는 出版物에는
    그 순차의 명칭을 'p.'로 표시한다. 만약 이러한 出版物의 한
    쪽面에만 인쇄되어 있을 경우에는 이 사실을 주기사항에 적어
    줄 수 있다

      280p. 주기에

단면인쇄임

Versos of leaves blank

나. (張) 各張의 한쪽面 또는 접음매 부분에만 순차가 매겨져 있
　　는 冊은 東書는 '장', 洋書는 'leaves' 로 표지된다. 만약 古書
　　아닌 新書의 양쪽面에 다 인쇄되어 있을 경우에는 이 사실을
　　필요에 따라 주기사항에 적어줄 수 있다.

　　　　　　419장
　　　　　　　주기에
　　　　　　　양면 인쇄임
　　　　　　450 leaves
　　　　　　　주기에
　　　　　　　leaves printed on both sides

다. (帖裝本) 帖裝本, 폴더(folder) 또는 旋風葉本은 그 面이나 張
　　을 단위로 기재하고, 그 뒤에 '첩장본' 또는 '선풍엽본' 이란
　　말을 附記한다.

　　　　　　24p.(첩장본)
　　　　　　45장(선풍엽본)
　　　　　　6p. (folder)

라. (卷子本) 卷子本은 '권' 을 단위로 기재하되 "권" 字다음에
　　'卷子本' 이란 말을 원괄호 (( ))로 묶어 附記하며, 軸이 있는
　　卷子本은 '권' 대신 '軸' 을 단위로 기재한다.

　　　　　　1卷(卷子本)

d) (두덩어리 이상의 面張數 매김) 面張數매김의 덩어리가 두개 내지 세 개로 區分되어 있는 것은 그 놓여진 순서에 따라 各 덩어리의 面張數를 쉼표(,)로 구분하여 기재한다.

> Ix, 164p.
> 116, 1852, 128p.
> 14장, 350p.
> 15 leaves, 329p.

e) (加除式圖書) 加除式圖書는 그의 冊數를 기재하고, '가제식' (洋書는 loose- leaf)이란 말을 원괄호 (( ))로 묶어 附記한다.

> 1책(가제식)
> 1 v. (loose-leaf)
> 2책(가제식)
> 2 v. (loose-leaf)

f) (途中에서 지각된 面張數매김) 어떤 出版物의 一部分(多卷木中의 한冊, 또는 別刷 등)임을 가리키는 面張數매김은 그 맨 처음과 맨 끝의 面張數를 짧은 붙임표 (-)로 연결하여 기재한다. 이때 '면', '장' 등의 단위어는 數字 앞에 기재한다.

> p.518-598
> 장 71-157
> leaves 81-149

<多卷本>

g) (多卷本의 卷冊數)물리적으로 두冊이상으로 이루어진 多卷本은 面張數대신, 그의 卷冊數를 다음 조항에서 정한 出版物의 형태적

單位語를 덧붙여서 아라비아數字로 기재한다.

　　2책
　　2 V.

h) (卷冊數의 單位名稱) 卷冊數 의 형태적 單位語는 다음과 같다.

도서의 형태	東書의 單位語	洋書의 單位語
一般冊子(綴裝本), 線裝本	책	V.
蝴蝶裝木	책(호접장)	V.
帖裝本, folder	첩(첩장본)	folder(s)
旋風葉本	첩(선풍엽)	folder(s)
軸없는 卷子本	권(권자본)	roll(s)
軸달린 卷子本, 筷子	축	roll(s)

2. 挿圖類表示

a) (總則) 出版物에 挿圖類가 있는 것은, 다음 條項들에서 특별히 규정한 것을 제외하고, '삽도' (洋書는 'ill.')란 말로 이를 대표하여 기재한다. 이 경우 表紙와 標題面上의 삽도와 章頭 · 章尾의 커트 (vignette) 등과 같은 微微한 挿圖類는 기재하지 아니한다.

　　194p.: 삽도
　　194p.: ill.

b) (特殊한 종류의 挿圖類) 見本(samples), 系譜(genealogical tables), 圖表(charts), 影印圖版(facsimile), 紋章(coats of arms), 寫眞 (photographies), 設計圖(plans), 樂譜(music), 樣式(forms), 地圖(maps), 肖像(portraits), 海圖(charts)들 중 한 종류 이상을 수록한 出版物로 주

요한 것이라고 인정하는 경우에는, '삽도' (洋書는 ill.)란 말을 우선
기재한 다음 이들 용어를, 東書는 한글로 표기하여 기재하고, 洋書는
英語用語로 표기하여 기재한다.

> 389p.: 삽도, 지도
> 389p.: ill, maps
> 357p.: 지도
> 357p.: maps
> xxiii, 895p. : 지도, 초상
> xxiii, 895p.: maps, ports.

  c) (彩色挿圖類)彩色된 挿圖類는 '채색' (洋書는 col.)이란 말을 그
종류 명의 앞뒤에 적절히 덧붙여서 기재한다.

> : 채색삽도
> : col. ill.
> : 삽도, 채색지도, 초상(일부채색)
> : ill., col. maps, port.(some col.)
> : 삽도(일부채색), 설계도, 지도
> : ill. (some col.), maps, plans

  d) (포켓에 든 挿圖類)挿圖類가 面紙의 포켓 속에 들어 있는 것
도 이를 기재하고, 그 挿圖類 의 수량과 놓인 위치를 註記事項에 附
記한다.

> : 삽도, 채색지도
>   주기에
>   2절지도 4개가 포켓 속에 들어 있음.

> : ill, col. maps

주기에

Four maps on 2 folded leaves in pocket

3. 크기

a) (總則) 出版物의 크기는 表紙의 높이(즉 세로)를 센티미터 단위로-센치미터 미만의 끝 투리는 위로 올려서-기재한다. 單位語는 센치미터는 'cm'로 표시함을 원칙으로 한다.

21cm

25cm

b) (特異形出版物의 크기)出版物의 폭(가로)이 높이 (세로)의 절반 이하이거나 높이보다 더 클 경우에는, 높이 다음에 폭의 길이를 곱셈표(×)로 연결하여 기재한다.

20×8cm

20×32cm

c) (卷軸物의 크기)卷子本과 族子本 등의 卷軸物은 종이의 높이를 기재한다.

4. 附錄資料表示

a) (總則) 解答書, 敎師用指針書, 地圖冊, 圖版冊 등과 같은 자료로서 그 母體物의 卷冊매김과 관계없이 따로 딸려 나온 附錄資料는, 그의 용도 또는 형태적 명칭을 그 母體物의 形態事項의 말미에 덧셈표(+)를 앞세워 기재한다.

350p.: 삽도; 19cm＋해답서 1책

271p.: ill. ; 21cm+1 answer book

250p.: 삽도; 21cm+교사용 지침서

387p.: ill.; 27cm+teacher's notes

340p.: 삽도; 19cm＋지도책 1책

271p.: ill.; 21cm+1 atlas

50p.: 채색지도; 28cm+지도 3장

32p.: col. ill.; 28cm+3 maps

  b) (名稱이 길거나 獨立性이 강한 附錄資料)附錄資料의 名稱이 긴 것 또는 獨立性이 강하여 그의 書名著者事項을 기술할 필요가 있는 것은 이를 註記事項에 기술하거나, 獨立記入을 할 수 있다.

  c) (表紙 안쪽 포켓 속에 든 附錄資料)附錄資料가 그 母體物의 表紙 안쪽포켓 등에 들어 있는 것은 註記事項에 그 所在位置를 기술한다.

.

E. 續刊事項

1. 續刊物의 本書名]

(總則) 續刊物의 本書名은 그 出版物에 나타나 있는 形을 그대로 원 괄호(( ))로 묶어 기재한다.

    (韓國名作大全集)
    (知性人시리이즈)
    (Machines at work)
    (The World of folk dances)

2. 續刊物의 對等害名

續刊物의 對等書名은 標題面에 기록된 順次 또는 活字크기가 暗示
하는 순서에 따라서 옮겨 적는다.

> (College English library＝大學英語文庫)
> (Jeux visuels＝Visual games)

3. 續刊物의 副書名과 雜題

續刊物의 副書名과 雜題는, 그것이 그 續刊物名의 不可分의 部分
이 아닌 限, 이를 기재하지 않고 필요에 따라 이를 註記事項에 기술
한다. 다만 續刊物의 식별상 필요하다고 여겨질 경우에는 이를 기재
한다.

> (世界의 文學大全集: 칼라版)
> (出版物에는 '칼라版' 이란 말이 冠題로 작게 쓰여 있는데, 여기
> 서는 이를 版表示로 보지 않고 雜題로 보아 기재하였음)
> (English linguistics, 1500-1750: a collection of facsimile
> reprints)
> (Words: their origin, use, and spelling)

4. 續刊物의 著者表示

續刊事項에서의 著者表示는 원칙적으로 기재하지 아니한다. 다만
그 續刊物名이 固有性이 약하거나 식별 상 필요할 경우에는 著者表
示를 한다.

(硏究叢書/韓國敎會硏究所)

(Special paper/the Geographic Society of America)

(Samtliche werke/Thomas Mann)

5. 續刊物의 ISSN

그 冊에 續刊物의 ISSN번호 (國際標準連續刊行物番號)가 표시되어 있는 것은 이를 이상의 諸要素 다음에 기재한다. ISSN번호는 먼저 'ISSN'이란 문자를 적은 다음 한 칸 띄우고 네 자리 數字단위의 두 묶음의 數字군을 짧은 붙임표(-)로 연결시켜 기재한다.

(Western Canada series report, ISSN 0317-3127)

6. 續刊物의 卷號表示

(總則) 續刊物의 各卷冊에 番號가 매겨져 있는 것은 이를 이상의 諸要素다음에 기재한다. 그때 卷冊의 單位語는 그 冊에 표시된 文字와 用語 그대로 기재하되, 가급적 略語化하며, 數字는 文字로 표기된 것 까지 포함해서 식별의 혼돈성이 없는 한 아라비아數字로 통일해서 기재한다.

; v. 7
; no. 7
(李光洙全集; 第11卷)
(圖書館學講義; 第3輯)
(中國圖書館學叢刊; 第2種)
(오늘의 思想新書; 11)
(Typophile chap books; 7)

(Works/Charles Dickens; v. 12)

(Graeco-Roman memoirs, ISSN 0306-9222; no. 62)

7. 下位續刊物

a) (總則) 한 續刊物가 다시 數個의 下位續刊物로 나뉘어져 있는 것은, 먼저 그 本續刊物(상위속간물)에 관한 諸要素를 적고, 그 다음에 下位續刊物에 관한 것을 기재한다.

(國文學大系, 詩歌經典篇)

(國文學大系, 古典小說篇)

(Biblioteca del lavoro. Serie professionale)

(Geological Survey professional paper; 683-D. Contributions to palaeontology)

b) (標題없이 卷號表示만으로 이루어진 下位續刊物名) 下位續刊物가 그의 標題를 대신해서 卷號表示만 있는 것은 이를 그대로 기재하며 卷號와 더불어 그의 同格的 標題(제목)가 있는 것은 이를 卷號表示 다음에 기재한다.

(歷代韓國文法大系. 第1部; 第36冊)

(世界思想敎養全集. 前期; 10)

(Music for today. Series 2; no. 8)

(Viewmaster science series. 4; Physics)

c) (下位續刊物의 ISSN번호) 그 冊에 下位續刊物의 ISSN번호가 표시되어있는 것은 이상의 下位續刊物에 관한 諸要素를 적은 다음에 이를 기재한다. 이 경우 本續刊物에 대한 ISSN번호의 기재는 省略한다.

(Janua linguarum. Series major, ISSN 0075-3114)
　　(冊에는 本續刊物의 ISSN번호도 0446-4796로 표시되어 있으나
　　이외 기재는 생략한 것 임)

　　d) (下位續刊物의　卷號表示) 下位續刊物에　卷號表示가　있는　것은
本續刊物의　卷號表示 기재법에　준하여　기재한다.

　　(한국문학연구총서. 현대문학편; 2)
　　(한국문학연구총서. 고전문학편; 7)
　　(Sciences. Physics; TSP 1)
　　(Biblioteca de arte hispánico; 8. Artes aplicadas;

F. 註記事項

1. 範圍

　　書名著書事項부터　續刊事項까지의　定型的記述部의　어느　事項이나
要素에도　해당되지　않는情報거나, 또는　이미　기재한　定型的　記述에
대한　說明的　또는　補完的인　情報　등은　이를　註記事項에　記述한다.

2. 文段나누기와　句讀法

　　註記는　그　말미에　마침표 (.)를　찍지　아니한다. 그러나　만약　두개
이상의　註記를　한文段안에　기재하는　書式을　취한　경우에는　各註記聞
을　마침표-빈칸-붙임표-빈칸(.　-　)으로　구분한다.

3. 表現文體와 形式

a) (總則) 註記는 文法에 어긋나지 않고 明僚性을 잃지 않는 범위
내에서 가급적 짤막하고簡潔하게 표현한다.

> 전판서명은: 東西著者記號表
> 附錄: 樂譜/ [金琪洙 採譜] , 254p.
> 듀마作 몬테크리스트伯爵의 번안서
> 원저의 저명저자표시: Planning manual for academic library
> building/
> by Ralph E. Ellsworth
> Translation of: Germinie Lacerteux/Edmond et Jules de
> Goncourt
> Originally published: London: Gray, 1871
> Revision of: 3rd ed. London: Macmillan, 1953

b) (다른 版에 관한 言及方式) 同一著作의 다른 版에 관한 言及이
필요할 경우에는 언급되는 版에 대해 식별하기에 족할 만큼의 서지
적 정보를 提示하여 기술한다.

> 제2판(1973)의 개정판
> Revision of: 2nd ed., 1973

4. 註記의 範疇와 記述順序

註記는 가급적 아래와 같이 範疇를 구분지어 그 順序대로 記述한
다. 그러나 만약 두 범주의 註記를 통합하여 기술하는 것이 보다 간
결하고 논리적인 것이 될 경우에는 그렇게 통합하여 기술한다.

a) (出版物의 性格, 範圍 또는 藝術的 表現樣式에 관한 주기) 定型的 記述만 가지고저는 그 도서의 性格이나 範圍 또는 藝術的 表現樣式을 전혀 알 수 없을 경우에는 이를 명백히 하는 註記를 한다.

음악관계 논설집임
영어학습독본임
영화씨나리오임
한국현대문인과 학자 79인의 서한집임
(金光洲 編「너와 나」의 내용)
"Collection of essays on economic subjects"
Arabic reader
Documentary Scenario of film

b) (言語나 文字 또는 飜譯, 改作, 飜案에 관한 주기) 定型的 記述만 가지고저는 本文에 쓰여 진 言語나 文字가 짐작이 안가거나 飜譯改作, 飜案의 사실 與否를 알 길이 없거나, 또 그 臺本에 관한 정보를 밝힐 필요가 있을 경우에는 이들에 관한 註記를 한다.

한문본임
중국어본임
영한대역본임
원서서명: Roads to reading
Commentary in English
Latin text, parallel English translation
Translation of: La' muerte de Artemio Cruz
Spanish version of: Brushing away tooth decay
Author's adaptation of his Russian text
Adaptation of: The taming of the shrew

c) (本書名의 出處에 관한주기) 本書名을 基本情報源 이외에서 採

記하였을 경우에는 그의 出處에 대해 註記를 한다.

> 표시 서명임
> 책등서명임
> Spine title
> Caption title

d) (書名의 變異에 관한 주기) 그 冊이 다른 書名을 지니고 있거나, 전에 다른 書名으로 발행된 적이 있으면 그에 대한 註記를 한다.

> 「표준조선말사전」의 개제서임
> 초판서명: 朝鮮十進分類表
> Cover title: The fair American
> Original title: L'éducation sentimentale
> Previously published as: Enter Psmith
> Added t. p. in Russian

e) (對等書名, 副書名, 雜題에 관한 주기) 書名著者事項에 기재하지 못한 對等書名과 副書名 또는 雜題는 주기사항에 이를 기재한다.

> 부서명: 상대의 마음을 꿰뚫어 보고 대인관계를 향상시키는 101법칙
> 대등서명: Korean machine readable cataloguing for monographs
> Subtitle: An enquiry into the Present state of medicine including several recommendations as to how it may be improved and adiscussion of the merits of the proposals of other persons
> Title on added t. p.: Les rats
> 서명 앞에: 現代敎養人을 위한 音樂의 오솔길

잡제: 教科書(5種) 및 14年間學力考查問題徹底硏究; 國內 모든
旣刊大入學力考查問題集의 總決算

f) (著者表示에 관한 주기) 著者表示에 기재된 個人이나 團體의 이
름이 목록 자가 標目으로 선정해서 올리는 것과 다른 變異名일 경우
에는 이를 註記한다.

書名著者事項에 기재하지 못한 著者表示는 註記事項에 이를 기술한다.
어떤 著作과 관련된 個人이나 團體, 또는 前版과 관련된 중요한
個人이나 團體로서 定型的記述에 기재되지 않은 것은 이를 註記事項
에 기술한다.

春園은 李光洙의 號임
西山大師의 西山은休靜의 號임
姜尙雲의 尙雲은姜周鎭의 筆名임
감수자: 남광우, 이응백 , 이을한
Full name of author: Mignon Good Eberhart
Attributed to Thomas Dekker
Based on the novel by Thomas Hardy
At head of title: International Federation of Library
Association
Previous editions by Norman Smythe
Formerly compiled by Norbert Adolph Lange
Index by John-Herry Smith

g) (版 및 書誌的 來歷에 관한 주기) 그 冊과 그 冊의 다른 版 또는
다른 著作과의 관계를 설명할 필요가 있을 경우에는 이를 註記한다.

전판발행은: 서울: 博文書館, 1946

속편은: 현대 경제의 5대 도전
"「제로섬사회」의 後續篇"임－표제
「新東亞」1979年1月號 별책 부록「韓國의 古典百選」의 개제단행
본임.
"This issue is founded on the second edition, printed by
Rudolf Ackermann in the year 1837 (with censiderable
additions) from the New sporting magazine", T. p. verso
Previous ed.: Harmondsworth: Penguin, 1950
Sequel: A striving after wind.
Sequel to: Of time and of seasons.
Rev. ed. of: The portable Dorothy Parker

h) (影印本, 複寫本, 拔萃, 別刷本에 관한 주기) 影印本과 複寫本을
새 標題面 등의 새 情報源에 의해서 記述하였을 경우에는 그 臺本이
된 原本의 서지적 정보를 註記하고, 原本의 서지적 정보에 의해서
記述하였을 경우에는 새 版權記 등을 통해서 확인된 그 影印本과 複
寫本의 影印과 複寫와 관계된 情報를 註記한다.

1948년 발행 東國文化社 影印本의 再影印本임. 原臺本의 跋
記는: 嘉靖十年
[1531] 六月初七日……洪彦弼謹跋
"中宗壬申[1512]刊本(世稱 正德本)을 縮小影印하에 校勘한
것"－凡例
영인본임. 대본의 발행사항은: 京城: 朝鮮語學硏究會. 昭和10
[1935]
영인본임. 영인발행사항은: 서울: 弗咸文化社, 1977
(원본에 의해서 기술한 것으로 새판권기에 발행사항이 기재
되어 있을 경우)
영인본임. 영인발행사항은: [서울: 弗咸文化社, 1982]
(원본에 의해서 기술한 것으로, 재판권기가 없어 다른 방도

로 그의 영인 발행 사항을 알았을 경우)

영인본임. 영인발행사항은: [서울, 1982]

(앞 예와 같은 경우이나, 발행지와 발행 년만 알았을 때)

Facsim. of: 2nd ed., rev. London: Routledge, 1877

Facsim. reprinted [발행지: 발행처, 발행 년]

Facsim. of the Huntington Library copy, which has ms. notes by R. Heber on flyleaves.

拔萃, 別刷本은 그 原本의 서지적 기본정보를 註記한다.

延世論叢 第11輯(1974)의 別刷本

白性郁博士頌壽紀念 佛敎學論文集(서울: 東國大學校, 1959)의

拔萃

i) (發行事項에 관한 주기) 發行事項자리에 포함시키지 못한 發行, 配布, 普及, 印刷 등에 관계된 정보로 중요한 것은 이를 註記한다.

자비출판

總販: 光文社

Distributed in the U. K. by EAV Ltd.

Imprint under label reads: Humanitas-Verlag Zürich

Published simultaneously in Canada

"Privately printed"

j) (形態事項에 판한 주기) 形態事項자리에 포함시키지 못한 形態에 관한 情報로 중요한 것은 이를 註記한다.

좌우양면의 면수가 같은 번호로 매겨져 있음

단면인쇄임

제15권 이하는 발행 안 됨

가제식인데 해마다 추보경신 됨

2절지도 4장이 책 포켓에 들어있음

도판 뒷면에 제목과 해설이 있음

Opposite pages bear duplicate numbering
Versos of leaves blank
No more published
Loose-leaf, updated annually
Map on lining Paper
Four maps on 2 folded leaves in pocket
Captions on verso of plates

k) (附錄資料에 관한 주기) 附錄資料의 놓인 위치와 상대를 적절히 註記한다. 形態事項의 제자리에서 언급하지 못한 附錄資料에 관한 주요한 事項은 이를 註記한다.

슬라이드가 포켓에 들어 있음
Slides in pocket Set includes booklet (16p.): The new mathematics gulde
"Tables Ⅰ, Ⅱ, and Ⅲ omitted by error from report"published as supplement (sp.) and inserted as end
Accompanied by atlas "A demographic atlas of North-west Ireland (39p.: col. maps; 36cm), previously published separately in 1956

l) (續刊事項에 관한 주기) 續刊事項자리에 포함시켜 記述하지 못한 그 속간물에 관계된 정보는 이를 註記한다.

속간물명 앞의 잡제: 목마른 現實에 한잔의 智慧
(「悅話堂美術文庫」의 속간물명 앞에 표시된 雜題)
속간물의 대등서명: World great books
속간물의 편자표시: 李家源 主編

이 책은 속간물명표시 없이 발행된 것인데, 후에 나온 다른
저작의 속간물 표시의 총 목차에 이 책이 포함되어 있음
Series title romanized: Min hady al-Isläm
Also issued without series statement
Originally issued in series: English life in English literature
Originally issued in series: Environmental science series
(또 다른 판에 대한 주기)

m) (學位論文에 관한 주기) 學位를 취득하기 위해서 제출된 學位
論文은, 東書의 경우는 程度를 나타내 는 學位名稱(예: 박사, 석사,
등)에 '학위논문'이란 말을 덧붙인 어귀 다음에 學位授與大學(校)名
과 授與年을 붙임표(－)를 앞세워 附記하고, 洋書의 경우는 영어로
'Thesis' ('M. A.') 또는 Dissertation(Ph. D.) 등의 학위명의 略稱을
원괄호(( ))로 묶어 附記하고, 다시 學位授與大學(校)名과 授與年을
붙임표(－)를 앞세워 附記한다.

박사학위논문－정균관대학교, 1978
석사학위 논문－중앙대학교, 1959
Dissertation (Ph. D.)－University of Michigan, 1960
Thesis (M. A.)－Columbia University, 1970

만약 그 도서가 학위논문 제출 시에 취하는 學位論 文의 體裁를
갖추지 않은 다른 版本일 경우에는 그의 書誌的 來歷을 註記한다.

박사학위논문(성균관대학교)의 公刊版임. 원제는: 世宗朝集賢殿
의 機能에 관한 硏究
Originally presented as the author's dissertation (Ph. D. －
University of Michigan) under title: Anatomy of book
collector

n) (對象層에 관한 주기) 著者나 發行者가 의중에 두고 있는 그 出版物 이용의 對象層 또는 그 出版物의 知的水準을 가리키는 어귀 가 그 出版物에 명시되어 있을 경우에는 이를 註記한다.

社內敎育用
師範學・中高等學校音樂科用
司法行部外務考試 및 大學院 各企業體受驗準備用
For children aged 7-9
Undergraduate text
Intended audience: Clinical stüdents and postgraduate house officers

o) (要約, 解題, 參考書目, 年譜, 年表, 索引, 原文 등의 수록에 관 한 주기) 그 出版物에 要約, 解題, 參考書目, 年譜, 年表, 索引, 原文 등이 마련되어 있는 것은 이 사실을 註記한다. 目次의 註記가 있을 경우에는 그 다음에 적는다.

권말에 원문(한문)수록
권말에 原本影印수록. 영인대본의 刊記는: 辛丑六月 芸閣鑄字重 印
영문요약수록
해제수록
“著者의 主要論著收錄”: p.70-76.
“目錄年表”: p.259-276.
색인수록
附: 丹齋申彩浩先生의 年譜/金泳鎬
Bibliography: p.859-910.
Include bibliographies
Includes index
Summary in English

Statistical tables cover periods between 1849 and 1960
Includes the text of the Gaming Act 1913

p) (收錄著作의 目次에 관한 주기) 그 出版物이 두개 이상의 著作을 綜合書名 또는 代表書名 아래 수록하고 있는 것은 그 著作들의 전체 또는 중요한 것 또는 선발된 부분의 內譯을, 전체에 대한 것은 '목차' (양서는 Contents), 중요한 것에 대한 것은 '중요목차'(양서는 Partial contents), 선발된 부분에 대한 것은 '부분목차'(양서는 Partial contents)란 導入語句를 冠記하여 註記한다. 두卷 이상으로 이루어진 多卷本은 각 권 책마다 卷次, 標題, 著者表示를 그의 순으로 기재하며, 필요에 따라 각 谷冊 단위로 줄을 달리해서 적을 수 있다. 卷次의 單位名稱과 그 表現은 數字를 아라비아數字로 통일해서 적는 것 외에는 그 出版物의 用字 그대로 따른다. 篇章의 제목에 대한 目次를 註記할 필요가 있을 경우에도 위의 규정에 준한다.

목차: 第1輯: 兩班傳. 虎叱. 許生傳. 廣文者傳. 閔翁傳. 馬齷傳.
　　　穢德先生傳. 李烈 婦事狀
(「燕巖選集」의 目次)
목차: 第1卷: 韓米關係50年史. 第2卷: 朝鮮文化・藝術. 第3卷:
　　　史外異聞秘話
(「湖岩全集」의 目次)
목　　차
1 : 젊은 獅子들/어어윈 쑈 作; 金聲翰 譯. −1959. −614 p.
2. 忿怒는 葡萄처럼/존 쉬타인벡 作; 康鳳植 譯. −1960. −426 p.
　⋮
100: 獨逸民族說話集/그림형제 編; 金昌浩 譯. −1975. −657 p.
　(乙酉文化社刊「世界文學全集」의 目次)
부분목차; 新羅歌謠의 文學的 優秀性. 古歌今釋2篇. 鄕歌의 解

讀 특히「願往生歌」에 就하여. 古歌箋劄疑. 國史古語彙考. 古語
硏究抄. 鄕歌硏究의 回憶

　(梁柱東 著「國學硏究論攷」의 部分目次)

Contents: How these records were discovered. A short sketch
　of the Talmuds. Constantine's letter

Contents: Love and peril/the Marquis of Lorne. To be or not
　to be/Mrs. Alexander. The melancholy hussar/Thomas
　Hardy

Partial contents: Recent economic growth in historical
　perspective/by K. Ohkawa and H. Rosovsky. The Place of
　Japan…… in world trade/by P. H. Tresize

q) (圖書館所藏本에 관한 주기) 目錄記述되는 도서관 소장본이 어
떤 特異한 점이나 不完全한 점이 있으면 이를 註記한다. 두冊 이상
으로 이루어진 出版物로 그 도서관이 全帙을 다 갖추지 못하고 있을
경우에는 所藏하고 있는 卷冊 또는 缺卷을 밝히는 註記를 한다.

　소장본은 p. 179 이후 낙장
　전50권 30책 중 제5권결
　전50권 본 중의 零本임
　소장권 책은 제1, 3-5, 7권 뿐임
　Library's copy imperfect: all after p.179 wanting
　Library's copy lacks Appendices, p.245-260
　Library has v. 1, 3-5, and 7 only

r) (合綴物에 관한 주기) 한 著作이 그것을 포괄하는 綜合書名이 없
는 도서에 別個의 標題面을 지니고 붙어 있을 경우에는, '합철'(양서
에서는 With)이란 導入語를 冠記하여 이미 記述된 앞部分과 다른 書
誌的事項을 註記한다. 위와 같은 別個의 著作이 '附錄' 또는 '附'字를

선행해서 그 도서에 붙어있는 것도 이를 合綴物로 보아 처리한다.

> 합철: 韓國音樂小史/咸和鎭 著. 124 p.
>   (새 표제 면과 해제가 붙은 梁德壽 著「梁琴新譜」축소영인
>   본의 합철물)
> 합철: 眉山集/韓章錫 著. 321 p. 附編: 眉山先生年譜/李庸信 編.
>   p.287-321(「淵泉集」1911년간 본의 표시에 "附眉山集"으
>   로 표시된 합철본. 그러나 眉山集에 대한 별개의 표제
>   면과 판권기를 지니고 있음)
> With: The reformed school/John Drury. London: Printed for
>   R. Wadnothe, [1650]
> With: Out of the depths/Mary Ryan. [New York?: s. n.,
>   1945?]
> With: Of the sister arts/H. Jacob. New York: [s. n.], 1970

G. 國際標準圖書番號 求得條件事項

1. 國際標準圖醬番號(ISBN)

a) (總則) 그 도서에 國際標準圖醬番號(ISBN)가 표시되어 있는 것
은 'ISBN'이란 칭호를 앞세워서 數字番號를 기재한다. ISBN이 아닌
그 나라 특유의 國家的 標準圖書番號가 표시되어 있는 것은 필요에
따라 이를 기재할 수 있다. 이의 기재형식은 다음의 예와 같다.

> ISBN 0-87287-173-8
> ISBN 962-07-48003-3
> (册에 표시된 것은: ISBN 962 07 480*d*3 3)
> 영국 표준도서 번호: 85365-271-6

(冊에 표시된 것은: Standard Book Number: 85365 271 6)
일본 표준도서 번호: 1023-09174-8402
중공 표준도서 번호: 11010-37
(冊에 표시된 것은: 統一書號 11010・37)

b) (帙과 卷冊 또는 分冊의 국제 표준도서 번호) 한 冊子에 국제
표준도서 번호가, 帙전체에 대한 것과 卷冊 또는 分冊에 대한 것을
아울러 지녀 두개 이상 있는 경우에는 帙에 대한 것을 먼저, 卷冊
또는 分冊에 대한 것을 나중으로 해서 나란히 기재하되, 各 末尾에
帙 또는 卷次를 가리키는 限定語를 원괄호(( ))로 묶어 附記한다.
   ISBN 0-379-00550-6(set). −ISBN0-379-00551-4(v.1)

2. 求得條件表示

a) (價格表示) 價格은 표시되어 있는 定價를 기재하며, 定價와 特
價가 아울러 표시되어 있는 것은 特價를 원괄호(( ))로 묶어 定價 다
음에 附記한다. 가격의 화폐단위명칭은 韓中日語의 경우는 그 명칭
그대로 금액數字 다음에 기재하고, 그 밖의 外國語의 경우는 공식적
인 標準符號를 사용하여 금액數字 앞에 기재한다. 非賣品의 표시가
있는 것은 "비매품"이라 표시하며 그 밖에 求得에 참고 되는 말이
있으면 짤막한 어귀로 다듬어 기재한다.

: 2,000 원
: 新臺幣 20元
: 비매품.
: 6,000원 (특가 5,000원)
: $ 5.50
: £2.50
: Free to students of the college
ISBN 962-07-4003-3: 5元

ISBN 0-7043-3100-4: $ 1.95
ISBN 0-85435-332-1 (pbk): £0. 60
ISBN 0-900002-92-1 (limited ed.): £35.00(£30.00 to members of the association)

b) (裝幀등의 表示) 裝幀 등의 求得條件表示는 원괄호(( ))로 묶어 國際標準圖書番號 다음에 附記한다.

別法. 價格 및 그 밖의 求得條件表示는 도서관의 施策에 따라 그의 記載를 省略할 수 있다.

c) 두 種이장의 國際標準圖書番號가 있는 出版物의 國際標準圖書番號와 求得條件表示한 冊에 國際標準圖書番號가 두 개 이상 표시되어 있는 것은 求得條件表示를 해당되는 國際標準圖書番號 다음에 附記한다.

ISBN 0-435-91660-2 (cased). −ISBN 0-435-91661-0 (pbk.)
ISBN 0-387-08266-2 (U.S.). −ISBN 3-540-08266-2 (Germany)
ISBN 0-684-14258-9 (bound): $12.50. −ISBN 0-684-14257-0 (pbk.): $ 6.95

d) (國際標準圖書番號가 없는 圖書의 求得條件表示) 國際標準圖書番號가 없는 出版物은 그의 定價를 어느 求得條件表示보다 더 앞세워 기재한다.

6, 000원(회원에겐. 4,000원)
$ 1.00 (pbk.)
$ 1.00 (£0.50 to members)
$ 12.00 (£6.00 to students)

H. 多卷本의 書誌記述法

續刊物이나 合集 등의 書誌記述法은 二段階記述法(또는 階層的 完全記述法)과 分立著錄으로 구분하여 설명될 수 있다.

1. 二段階記述法

二段階記述法이란 續刊物이나 合集의 경우 그 全峽에 대한 情報와 해당 卷冊에 대한 情報를 두 단계로 나누어 階層順으로 각기 完全히 記述하는 方式을 말한다. 第一段階는 그 出版物의 全峽에 대한 전체적인 情報를 記述하며, 第二段階는 해당 卷冊에 대한 情報를 기록한다.

第二段階記述法은 內容註記方式과 거의 같다. 다만 이와 다른 점은 內容註記에서는 보통 卷次와 標題 및 著者表示만을 記述하는데 비해서 二段階記述法에서는 이들 事項 이외에 發行事項, 形態事項, 註記事項 등을 完全히 記述하는데 다만 第一段階의 記述內容과 일치하는 要素만을 제외한다.

　　　李光洙全集. －서울: 三中堂, 1962-1963.
　　　　　19책: 사진, 초상; 20cm
　　　　　각 권말에 수록저작의 "解說"이 있음
　　　　　第1卷: 無情; 開拓者; 初期의 文章. －1962. －576p.
　　　　　第2卷: 再生; 革命家의 아내; 삼봉이네 집. －1963. －542p.
　　　韓國文化史大系/高麗大學校民族文化硏究所 編. －서울: 同硏究所出版部
　　　　　1964-1972.
　　　　　7책: 삽도, 지도; 22cm
　　　　　1. 民族·國家史. －1964. －836p.: 삽도, 표
　　　　　목차: 韓國文化의 地理的背景/盧道陽. 韓國民族의 體質人類學的硏究/羅世振. 韓國文化의 考古學的硏究/金元龍. 韓國民

族形成史/金廷鶴, 韓國古代國家發達史/金哲埈. 韓國民族運動
史/趙芝薫

The politics of change in Venezuela: a joint study/edited by
Frank Bonilla. −3rd ed. −Ca mbridge, Mass; London: M.
I. T. Press, 1967-v.: 24cm. −(Social change series)
ISBN 0-091-32214-8

Vol. 1: A strategy of research/illustrated by Joan Rice.
−1967. −xx, 394p.: ill., maps. −Contains index. −
ISBN 0-091-32213-X (cased): £7.00

The Sacred books of the East/translated by various oriental
scholars and edited by F. Max Müller. -Oxford:
Clarendon Press, 1879-1910.

50v. ; 23cm Vol. 39-40: The sacred books of China: the
texts of Tâoism/translated by James Legge

Pt. 1: The Tâo teh king. The writings of Kwang-tsze,
Books IXVll. -1891. -xxii, 396p.

2. 分立著錄

分立著錄은 續刊物이나 合集의 경우 이에 包含된 개개의 著作에
대하여 일반 單行本의 경우처럼 개개의 著作에 대한 書誌的 情報를
가급적 상세히 記述해주고, 그 收錄處(그 續刊物이나 合集)에 대해서
도 書誌的 情報를 完全히 註記해 주는 方式을 말한다.

兩班傳/朴趾源 原著, 李民樹 飜譯. −p.1-15; 19cm
원문: p.13-15
수록처: 燕巖選集/朴趾源 原著; 李民樹 飜譯. −서울: 通文館.
1956. −第1輯
鄕歌新解讀/李鐸 著. −p.226-266; 22cm
수록처: 國語學論攷/李鐸 著, −서울: 正音社, 1958.

朝鮮中期名人筆帖/李匡師 [編] 金東旭 解說. －p.95-[204]: 전부
영인　　도판; 23cm

영인대본은 金東旭所藏의 李匡師題字粧縭本임

書札등 고문서 72편 수록.

수록처: 羅孫金東旭先生回甲紀念論文集/羅孫金東旭先生回甲紀
念文集刊行委員會 編. －서울: 悅話堂, 1982

Ethelinda: an English novel/ done from the Italian of
Flaminiani. －p.[79] －124; 17cm

　In: A select collection of novels and histories/compiled by S.
Croxall. －2nd ed. －London: [J. Watts], 1729

The hainous nature of the sin of murder, and the great
happiness of deliverance from it, as it was represented in a
sermon at the lecture in Boston, Sept. 24, 1713, before the
the execution of one David Wallis/by Benjamin Colman. －
34p.: 14cm

　In: The sad effects of sin/edited by C. Mather. －Boston:
Printed by J. Allen for N. Boone, 1713

The moving toyshop: a detective story/by Edmund Crispin.
－p.210-450; 30cm.

　In: The Gollancz detective omnibus. －London: Gollancz,
1951

3. 未完著錄(Open entry)

　多卷本의 경우 未完著錄이란 全帙이 다 俱備될 때까지 기술의 요
목 중 일부를 空欄으로 남겨두는 기술방법이다. 이들 空欄으로 남겨
지는 요목은, 典型的으로, 그 帙이 다 채워질 年度와 卷次이다. 앞에
서 예시된 출판물을 未完著錄으로 기술하면 아래와 같이 된다.

　예: The politics of change in Venezuela: a joint study/edited

by Frank Bonilla. −3rd ed. −Cambridge, Mass.;
London: M. I. T. Press, 1967-(Kingsport: Kingsport
Press) −24cm. −(Social change series)
Contents: Vol. 1: A strategy for research/illustrated by
Joan Rice. -Includes index. −ISBN 0-091-32214-8 Cased

위의 기술은 둘째 권과 셋째 권의 기술내역을 알게 되는대로 그의
完決을 요하게 된다.

I. 標目指示事項(Tracings)

標目指示事項이란 한 出版物에 대해서 그圖書館에서 事務用으로나
閱覽用으로나 필요로 하는 모든 Card의 上段에 記載해서 排列의 눈
금이 될 標目을 指示해 주는 記述事項을 의미한다.

圖書館利用者들은 圖書館에 所藏된 모든 資料에 대하여 정확한 知
識을 가지고 있지 못하기 때문에 自己가 필요로 하는 冊을 손쉽게
찾을 수가 없다. 그리하여 어떤 사람은 著者名으로 찾고, 어떤 사람
은 書名으로 찾고, 어떤 사람은 막연한 主題名에 의해서 찾게 된다.
그러므로 圖書館에서는 利用者들이 무엇을 根據로 해서 찾든 간에
그가 필요로 하는 資料를 손쉽게 찾을 수 있도록 하기 위해서 그에
대한 여러 가지 接近點(access point)을 마련해주어야 한다. 그리하여
한 가지 資料에 대해서 그 資料의 著述, 編者, 譯者, 書名, 副書名,
主題名, 分類番號 등을 각각 Card의 上段에 表出하게 되는데 이 表
出되는 項目을 標目이라고 하며, 각각의 필요한 標目을 주도록 事務
的으로 指示해주는 事項을 標目指示事項이라고 한다.

標目指示事項은 Card의 마지막 文段에 記入體와는 약간 떨어져서 每標
目마다 번호를 앞세워서 記載하는데 그 具體的인 方法은 다음과 같다.

1. 總則

印刷 등의 複製方法으로 目錄Card를 작정하는 경우에는 出版物와 檢索에 필요한 모든 著錄의 작정을 위한 標目指示를 書誌記述單位 Card의 맨 밑에 한 文段으로 잡아서 기록한다. 단 손으로 일일이 쓰거나 打字해서 目錄 Card를 작성하는 경우에는 事務用 基本著錄에만 기록한다.

2. 記載順序와 番號매김

標目指示는 맨 먼저 基本標目을 기재하고, 기타의 標目은 그 要素가 記述部(주기사항 포함)에 적힌 順序대로 기재하며, 그 뒤에 主題標目을 기재한다.

指示된 每標目 앞에는 아라비아數字로 一連番號를 매기되 著者名標目과 書名標目 다음에는 마침표(.)를 표시하고, 主題名標目에 대한 번호와 分類番號標目에 대한 번호 다음에는 반쪽 원괄호(( ))를 표시한다.

3. 標目指示語의 文字와 形式

標目指示에 쓰이는 文字는 東洋書의 경우는 모두 한글로 表記하고 西洋書의 경우는 알파벳文字로 表記하는 것을 원칙으로 한다.

단 言語나 文字別로 目錄을 別置하는 도서관에서는 해당 言語와 文字로 表記할 수 있다.

標目指示의 각 要目의 記載形式은 실제의 標目形式과 일치하게 하며, 한글表記의 경우 특별한 경우를 제외하고는 띄어쓰기를 무시하고 각 글자 사이를 일정한 간격으로 기재한다.

廣州方言硏究/高華年著. -香港: 商務印書館, 1980. -iv,
4,383p.: 20m. -ISBN 962-07-4003: HK16.00

1) 고화년. 2) 광주방언연구. 3) 728

한글순도서기호법씝/리재철 지음. -서울: 아세아
문화사, 1982. -79p.; 26×24cm. -(圖書館學叢書; 1)
전판서명은: 東書著記號表. -ISBN……3,500원

1) 리재철. 2) 한글순서기호씝. 3) 도서기호법 4) 024.53

인간회복의 정치론/장을병 지음. -서울: 평민사,
1982. -270p.; 21cm. -(정치외교총서; 4)
저자가 이미 발표했던 16편의 논문을 모아 엮은 것.
주요목차: 한국정치발전론, 한국정치형태론, 한국형태론,
한국선거론.-ISBN…… 3,500원

1) 장을병. 2) 인간회복의 정치론. 3) 정치론. 4) 340.4.
5) 340.911. 6) 340.22

나의 手帖에서 사랑하는 이의 이름을 빼야지: 사랑·행
복·고뇌: 韓國女流文人隨筆集. -서울: 태창문화사, 979.
-328p.; 21cm , -양장본; 1,500원

1) 나의 수첩에서 사랑하는 이의 이름을 빼야지.
2) 사랑·행복·고뇌.
3) 한국여류문인수필집.
4) 814.6

전국도서관실태조사/한국도서관협회 조사. -서울: 동협
회, 1971. -2책; 21cm

1) 한국도서협회 2) 천국도서관실태조사. 3) 020. 911

春園研究/金東仁著. －서울: 新丘文化社, 1956. －213p.;
21cm. －春園은 李光洙의 號임
1) 이광수. 2) 춘원연구. 3) 김동인. 4) 813.6
5) 810.92

Handbook for AACR2: explaining and illustrating
Anglo-American cataloguing rules, second edition by
Margaret F. Maxwell. -Chicago: American Library
Association, 1980. -xi, 463p.: samples; 26cm. -ISBN
0-83-89-0301-0(puk)

1) Maxwell, Margaret F. 2) Handbook for AACR2.
3) Anglo-American cataloguing rules. 4) 024. 32.

Eeats on the Flord, and, Merdhin/by Harriet Martineau.
-London: Dent; New York: Dutton, (1910). -xi, 239p.:
illus.; 18cm. -(Everyman's library: no. 429. For young
People)
1) Martineau, Harriet. 2) Feats on the Flord.
3) Merdhin. 4) 982.34

Cataloging and Classification/by Maurice F. Tauber.
Subject headings/by Cariyle J. Frarey. -New Brunswick,
N. J.: Graduate School of Library Service, Rutgers, the
State University, 1960. -271, 92p.; 23cm. -(The state of
the library art; v. 1, pt. 2)

1) Tauber, Maurice F. 2) Cataloging and classification
3) Subject headings-Frarey, Carlyle, J. 4) Frary, Carlyle
J. Subject headings 5) The state of the library art.
6) Cataloging 7) Library Classification

Three restoration comedies/edited with an introduction by
Gamini Salgado. -Harmondsworth: Penguin, 1968. -365p.; 3
facsims.; 18cm. -(English library)
Contents: The man of mode/Sir George Etherege. The
country wife/William Wycherley. Love for love/William
Congreve
1) Salgado ,Gamini. 2) Three restoration Comedies
3) 842.3 4) Title-author and author-title analytical added
entries for each part

標目指示의 一般語句에 의한 표현 例:

각 저작 서명분출
각 저작 저자분출
각 저작 저명저자복직분출 및 저자서명복식분출
Author-title analytical added entries for each part.
Title-author analytical added entries for each part
Title-author and author-title analytical entries for
each part.

Automation in libraries/R. T. Kimber. 2nd ed.
Oxford;
New York: Pergamon Press, 1974. −ix, 240p.: in,
samples; 23cm. −(International series of monographs
in library and information science; v.10). −ISBN
0-08-017969-X

1) Kimber, R. T. 2) Automation in libraries
3) Library Automation 4) 028.6

4. 合綴, 附錄 및 目次에 포함된 各著作의 分出著錄 을 위한 標目指示

書誌記述單位 Card를 利用하여, 書名著者事項에 기재된 두 번째 이하의 著作을 위한 各種著錄과 註記事項의 附錄이나 合綴註記에 기재된 著作을 위한 各種目錄의 標目指示는 書名著者複式標目이나 著者書名複式標目은 기재하되 著者名과 書名間을 마침표 (.)로 구분하며, 目次에 적힌 各著作을 위한 分出標目을 낼 경우에는 그의 標目語句를 일일이 모두 標目指示에 기재하지 아니하고 이를 一般語句로 적절히 대신 표현할 수 있다.

廣場: 九雲夢/崔仁勳 著. ─서울: 文學과 知性社, 1976. ─352p.; 19cm. ─(崔仁勳全集 ;1). ─양장본: 2,000원

1) 최인훈. 2) 광장 3) 구운봉.
4. 최인훈 전집 5) 813.6

孤獨의 여름: 安章煥中篇小說. 女子를 찾습니다: 金周榮 中篇小說. ─서울: 藝林出版社, 1980. -324p.; 21cm. ─ (二人中篇小說集; 1). -1,700원

1) 안장환. 2) 김주영. 3) 고독의 여름.
4) 여자를 찾습니다. 5) 이인중편소설집. 6) 813.6

李箱文學賞受賞作品集, 제2회. ─서울: 文學思想 出版部, 1978.-309p.; 21cm.
목차: 잔인한 都市/李淸俊. 돌의 肖像/崔仁浩.
멜감/尹興吉. 空港에서 만난 사람/朴婉緖. 哄笑/李東河.
밤길/韓水山. 혜자의 눈꽃/千勝世.
잘못은 神에게도 있다/趙世熙

1) 이상문학상수상작품집. 2) 813.6082
3) 각 저작 서명저자복식분출 및 저자서명복식분출

XI. 著錄의 形式

緒 論

여기에서 사용하는 著錄이란 目錄의 基本的인 單位를 이루는 單行本(monograph)에 관한 완전한 書誌的記述을 의미한다. 따라서 이 著錄에는 單行本에 관한 請求記號, 書誌的 記述, 標目, 基本著錄의 標目指示 事項이 포함되는 것이라고 전제한다. 그리하여 여기에서는 現代目錄의 基本單位인 著錄에 있어서의 請求記號의 位置, 標目의 位置, 書誌的 記述의 文段形式(indentation form), 標目指示事項의 記述方法 등을 그 適合性과 效率性의 관점에서 檢討하고자 한다.

현재까지 英美系의 目錄規則을 포함한 대부분의 目錄規則에서는 著錄의 形式에 관하여는 어떠한 說明도 하지 않은 채, 주로 標目의 選定方法과 그 形式, 基本著錄의 書誌的 記述方法만을 다루어 왔다. 現代의 圖書館에서 사용하고 있는 傳統的인 目錄著錄의 形式은 원래 美國議會 圖書館의 印刷 Card가 실제적으로 配布되기 시작한 1901년에 만들어진 것이다. 당시의 圖書館에서는 LC의 印刷 Card를 供給받아서, 이 形式을 자기 圖書館의 編目을 위하여 사용하기 시작하였다. 그 이후로 LC Card의 傳統的인 目錄著錄의 形式은 어떠한 변화도 없이 現代圖書館 藏書의 Card 編目에 적용되어 왔던 것이다.

이 著錄의 形式은 주로 編目者를 위한 基本著錄으로 이루어져 있다. 따라서 閱覽目錄에 排列되는 基本著錄과 副出標目은 너무나 복잡한 文段構造(形)를 가지고 있기 때문에 利用者에게 명확한 接近點 (access Point)을 보여줄 수가 없다. Ranganathan이 지적한 바와 같이, "圖書館은 利用者를 위한 것"이며, 目錄도 또한 利用者를 위한 것이다. 그러므로 目錄形式은 編目者의 便宜가 아니라, 利用者의 便宜를 위하여 開發되어야 한다. 그리하여 여기에서는 우선 現行의 著錄 Card의 書誌的 記述形式을 評價·分析하고, 利用者의 便宜를 위한 새로운 著錄形式을 提案하고자 한다.

A. 請求記號의 位置

현재의 編目慣例에 있어서 分類記號는 Card의 왼쪽 3行 두 번째 칸 基本標目과 같은 行에 位置하며 (도6 參照), 文獻記號는 書誌的 記述이 位置한 그 다음 行에 온다. 그러므로 만일 앞의 分類記號가 길어지게 되면, 그 分類記號는 基本標目에 가까이 닿아서 결과적으로 基本標目이 명확하게 드러나지 않는다. 그러므로 도7에서와 같이 請求記號를 2行(分類記號)과 3行(文獻記號)에 오도록 하는 것이 좋을 것이다. 사실은 理論上으로는 請求記號를 書誌的 記述의 맨 뒤에 두는 것이 타당하다. 왜냐하면 請求記號는 利用者가 檢索道具로서 利用하는 것이 아니라, 資料가 書庫의 書架에 排列되는 位置記號 (location mark)이기 때문이다. 특히 書誌的 記述을 CRT에 映像化 (display) 시키거나 印刷本으로 印刷할 수 있는 自動編目 System에서는 目錄의 맨 뒤에 請求記號를 두는 것이 바람직하다.

801
구738무　김　　상　　선.
　　　　文學이야기／金相善 著. ―서울 : 先進文化社, 1973.
357 p. : 21 cm.

027.5
C455i　　Chandler, George
　　　　　International and national library and
　　　　information services ; a review of some recent
　　　　development 1970-80. ―by George Chandler.―
　　　　Oxford, Pergamon Press, c1982. 275p.　22cm.

(도 6) 請求記號의 位置

　　　　김　상　선
801　　　文學이야기 / 金相善 著.― 서울 : 先進文化社,
구738무　1973. ― 357 p. ; 21㎝. ― 양장본. 3000원

　　　　　Chandler, George
027.5　　International and national library and information
E455i　　services : a review of some recent development
　　　　1970-80 / by George Chandler. ― Oxford
　　　　: Pergamon Press, c1982. ― 275p. ; 22㎝.

(도 7) 請求記號의 位置

B. 標目의 位置

　基本著錄形式에 기초한 傳統的인 目錄形式은 利用者의 觀點에서 보면 閱覽目錄의 標目部分의 모습이 상당히 복잡하다.

　辭典體目錄에서는 基本著錄의 標目과 副出著錄의 標目이 가나다순이나 alphabet 順으로 함께 排列된다. 이 경우 副出著錄의 標目은基本標目의 윗行 에 놓여지게 되며, 그 결과 副出著錄 Card는 도 8, 도 9에서와 같이 복잡한 二重文段形式(dual indentation form)을 갖는다. 따라서 標目의 복장한 二重文段形式 때문에, 標目이 한눈에 선명하게 보이지 않는다. 이상과 같은 理由 때문에 現行의 著錄形式은 利用者를 위한 보다 간단하고 보다 便利한 著錄으로 改善되어야 한다. 이를 위해서 編目者는 종래와 같이 基本標目이 미리 주어진 基本著錄 Card를 作成하는 것이 아니라 Card에 基本的인 書誌的 記述만을 記錄한 單位Card(unit card)를 作成하고, 이를 필요한 數만큼 複寫한 다음 도 10에서와 같이 基本標目과 다른 모든 副出標目이 일정한 位置에 오도록 記載해야 한다.

```
027.5      Library/national & international
c455i      Chandler, George
           International and national library and
           information services ; a review of some
           recent development 1970-80
```

```
027.5          International and national library...
c455i          Chandler, George
               International and national library and
               information services ; a review of some
               recent development 1970-80
```

```
027.5          Information services
c455i          Chandler, George
               International and national library and
               information services ; a review of some
               recent development 1970-80
```

```
027.5
c455i      Chandler, George
           International and national library and
           information services ; a review of some
           recent development 1970-80. . —by George
           Chandler.— Oxford, Pergamon Press, c1982.
           275 p. 22 cm.

           1. 027.5 I. Title II. Library/national
           & international III. Information services
                          ◯
```

(도 8) 標目의 位置

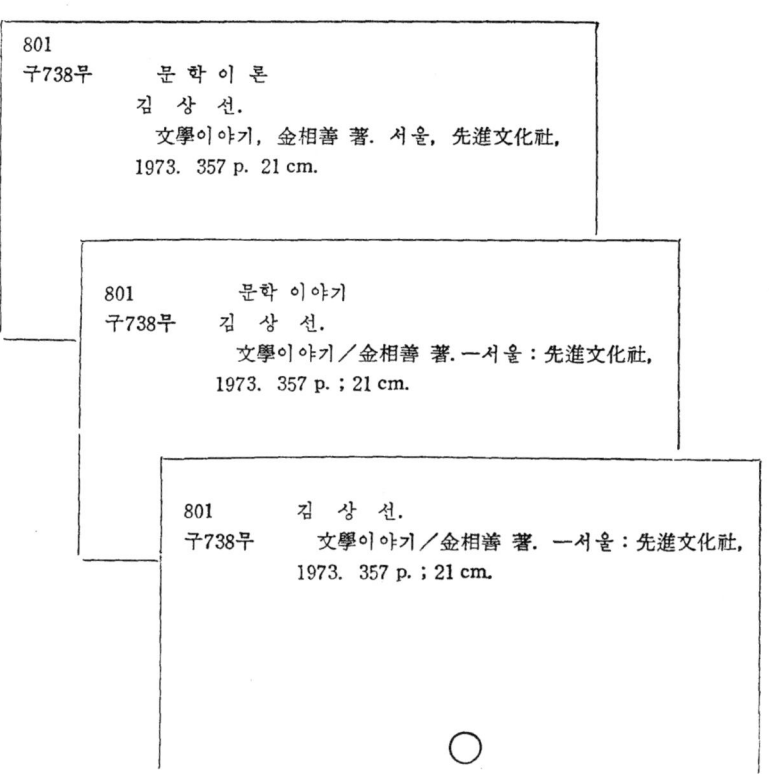

(도 9) 標目의 位置

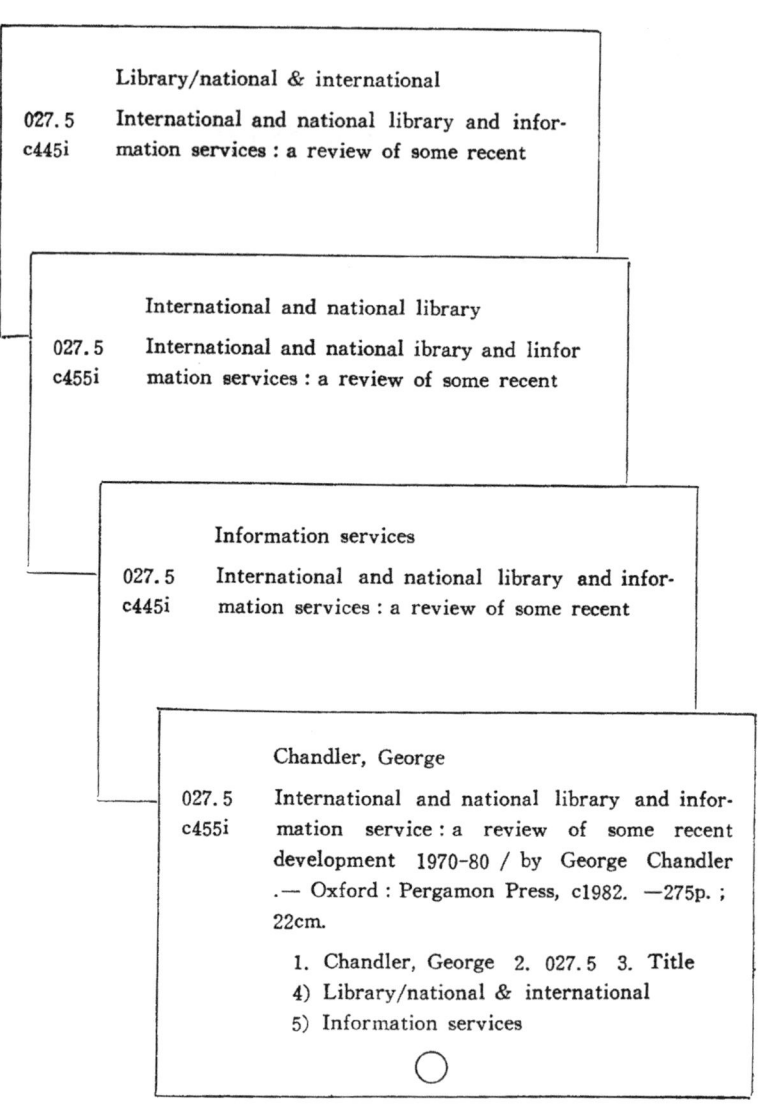

(도 10) 單位 Card와 標目의 位置

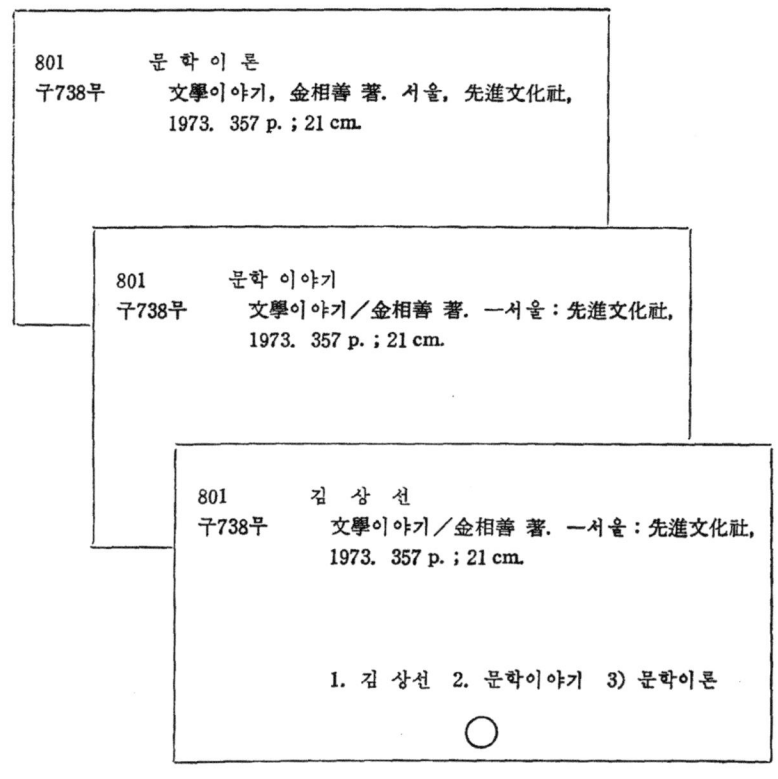

(도 11) 單位 Card와 標目의 位置

C. 書誌的 記述

　傳統的인 書誌的 記述의 形式에서는 LC Card의 記述方法에 따라서, 書誌的 記述의 第1行은 第2基線에서 시작하고, 第2行은 第1基線에서 시작하고, ISBD, 價格, 一般註記는 第2基線에서 시작한다. 그러나 우리가 ISBN(M)의 句讀點을 사용하는 한, 基線의 區別은 無意味하다. 그러므로 標目을 도 10과 11에서와 같이 명확하게 나타내기 위해서는 Block Indention을 選擇하는 것이 바람직할 것이다.

D. 標目指示事項

現在의 標目指示事項에서는 우리나라의 主題名標目이나 分類記號를 아라비아 數字다음에 順序대로 기재하고, 著者名, 飜譯者名, 書名은 로마 數字 다음에 적는 것이 일반적인 관례이다. 이러한 記述方法은 分類와 編目이 별도로 處理되는 LC의 排列節次에서 由來된 것이다. LC에서는 分類擔當部署에서는 아라비아 數字를 사용하고, 編目擔當部署에서는 로마 數字를 사용한다. 그러나 編目과 分類를 區分하지 않고 目錄作業을 하는 圖書館에서는 LC의 이 記述方法을 채택할 필요가 없다. 한편 第3章에서 설명한 바와 같이 編目者單位 Card에 請求記號와 書誌的記述을 打字하고 이를 필요한 만큼 印刷하여, 정해진 位置에 基本標目과 副出標目을 기재하면 基本著錄과 副出著錄을 구별하기가 어려워질 것이다. 그러나 基本標目을 標目指示事項의 첫 번째에 表示한다면, 基本著錄을 쉽게 구별할 수 있을 것이다.

基本著錄形式에 중점을 두고 있는 현재의 目錄形式에서는 基本標目이 이미 單位 Card에 記錄되기 때문에, 標目指示事項에는 基本標目이 表示되지 않는다. 그러나 "無標目單位 Card"의 경우에는 甚本標目이 標目指示事項의 첫 번째 位置에 와야 하며, 나머지 副出標目은 書誌的記述의 順序에 따라 記載하는 것이 바람직하다. 또한 主題名標目이나 分類記號는 標目指示事項의 맨 뒤에 와야 한다. 이 경우 標目指示事項의 모든 番號에는 아라비아數字를 사용하는 것이 바람직하다.

結　論

"無標目單位 Card形式"에서는 과거에는 Hanging Indention形式을 사용해야만 했던 無著者名 著作이나 百科事典에 대해서도 이제 **Block Indention**을 사용할 수 있다. 그리하여 이 方法에서는 著錄의 形式을 成功的으로 統一할 수 있다. 따라서 手作業은 물론 自動化된 編目에 있어서도 效率性을 增進시킬 것이다.

그러나 "無標目單位Card形式"에서는 書誌的 記述의 첫 번째에 오는 書名과 副出標目으로서의 書名이 二重形式으로 함께 나타나게 된다는 短點이 생긴다. 그러나 東洋書에 있어서 대부분의 書名은 책 자체에 漢字로 表記되어 있으며 書誌的記述에 있어서는 書名을 冊에 쓰여 진 形式으로 表記해야 한다. 그리고 標目의 書名은 한글이나 가나(假名)로 表記되어야 하기 때문에 동일한 形式으로 나타나지는 않을 것이다.

또한 洋書에 있어서도 書誌的 記述에 表記된 書名과 標目의 書名이 二重形式으로 記錄될 것이다. 그런데 洋書에는 "Introduction to……", "Hist-ory of……", "Outline of……", "Theory of……"등으로 시작되는 書名들이 많이 있으며, 書誌的 記述에서는 이를 원래의 形式대로 記錄해야 한다. 그러나 標目의 書名에서는 이를 書名의 끝으로 倒置시켜야 한다. 그리고 때로는 書名이 길 경우 이를 縮約하기도 한다. 그러므로 書誌的 記述에 表記된 書名과 標目의 書名은 대략 著錄의 반 정도가 중복될 것이다. 그러나 이 書名과 標目의 重複이 利用者에게 어떤 특별한 問題를 야기 시키지는 않을 것이다.

330.9 경제사
고 701 經濟史, 崔文煥〔等著〕. 再版.-서울, 博英社,
        檀紀 4294(1961).
        515 p. 20 cm.

810.82 현대한국신작전집
호582   現代韓國新作全集. - 서울:乙酉文化社, 1971.
        10冊 : 초상 : 21cm.

R   원색세계백과대사전
031.1   原色世界百科大事典. - 서울 : 學園社, 1973.
우199   20冊 : 삽도 : 26 cm.

821.082
A628a   An Anthology of expository prose / ed. 〔by〕
        Arthur M. Eastmastman···〔et al〕.- Rev. ed.
        New York : Norton, c1969.
        xxvii, 1505 p. ; 23 cm. ·(The Norton reader).

549.1143
161   Internal structure of granitic pegmatites,
        by E. N. Cameron 〔and others〕 Urbana, Ill.,
        Economic Geology Pub. Co., c1949.
        115 p. illus. , maps (part folded) (Economic
        geology monograph 2)

R   The encyclopedia Americana. - New York :
032   Americana Corporation, c1961 - 78. - v. :
E56a   illus. ; 26cm.

(종래의 Hanging indention의 예)

경제사

330.9　經濟史 / 崔文煥〔等著〕. －再版.
고 701　－서울 : 博英社, 檀紀 4294「1961〕.
　　　　515 p. : 20 cm.

현대한국신작전집

810.82　現代韓國新作全集.-서울:乙酉文化社,1971.
호 582　10册 : 초상 : 21 cm.

R　　　원색세계백과대사전
031.1　　原色世界百科大事典. －서울: 學園社, 1973.
우 199　－20册 : 삽도 : 26 cm

　　　　An Anthology of expository prose
821,082　An Anthology of expository prose / ed.〔by〕
　　　　Arthur M. Eastman… 〔et al〕. － Rev. ed. －
　　　　New York : Norton, c1969.
　　　　xxvii, 1505 p. : 23 cm .

　　　　Internal structure of granitic pegmatites
549.1143　Internal structure of granitic pegmatites, by
161　　　E. N. Cameron 〔and others〕. －Urbana, Ill.,
　　　　Economic Geology Pub. Co., c1949.

R　　　Encyclopedia Americana
032　　The encyclopedia Americana. － New York :
　　　　Americana Corporation, c1961-78.
　　　　－ v. : illus. ; 26 cm.

○

（無標目單位Card에 基本標目을 부여한 예）

第4章 標目選定의 原則과 方法

XII. 標目選定의 原則과 그 實際

XII. 標目選定의 原則과 그 實際

A. 標目選定의 意義

前章에서 말한 바와 같이 標目이란 "目錄에 있어서의 接近點을 提示하기 위해서 目錄記錄의 첫머리에 놓인 한 人名이나 낱말이나 語句"를 말한다. 그리하여 이 章에서는 前章에서 말한 標目指示事項에 記載하게 되는 그리고 各 著錄의 標目으로 記載하게 되는 事項을 選定하고 그것을 表現하는 形式을 다루고자 한다.

여기에서는 事務用 基本目錄으로 排列되는 基本著錄의 標目을 基本標目이라고 하고, 閱覽用目錄으로 排列되는 副出著錄의 標目을 副出標目이라고 한다. 그리하여 目錄規則에 있어서는 이에 대하여 具體的으로 規定하고 있지만, 여기에서는 주로 基本標目을 選定하는데 있어서의 基本原則만을 다루고 필요에 따라서는 副出標目에 대해서도 論及하고자 한다.

B. 標目選定을 위한 情報의 出典

標目을 決定하는데 있어시는 일반적으로 標題紙 또는 標題紙 이외의 그 著作中의 어느 部分에든 표시된 記錄을 根據로 하는 것을 原則

으로 한다. 그러므로 標題紙의 記錄 이외의 예를 들면 表紙나 半標題 (half title; 冊의 첫 페이지 또는 各章의 첫머리에 쓴 題目), 標題紙의 이면(verso), 章標題 또는 刊記 등에 밝혀진 기타의 表示事項도 參酌해야만 한다. 序文이나 結論이나 本文 가운데만 表示된 事項은 標題紙에 記錄된 情報가 不明確하거나 不充分한 경우에 한해서 標目을 決定하는데 採用한다. 著作이 著者名이 없이 刊行되거나, 出版物 中의 表示가 서로 다르거나, 僞作이라고 하는 疑問이 있거나 그러한 證據가 있을 경우는 標目을 決定하는데 있어서 補助手段으로서 採用한다.

각각의 文獻에 대하여 어떠한 事項을 標目으로 선정할 것인가 하는 것은 目錄規則에 詳細히 規定되어 있으나, 그 文獻이 한 個人의 著作이냐, 2人이상 또는 여러 사람의 協力에 의해서 著述된 것이냐 혹은 無著作名古典이냐 등은 그 著作의 종류에 따라 決定되고 있다. 따라서 標目의 決定에 있어서는 그 文獻이 어떠한 종류에 속하는 文獻이냐에 대 하여 적절한 判斷을 내리고 이에 따라 適用해야 할 目錄規則의 해당 條文을 찾아야만 한다. 그러나 標目選定의 一般原則과 主要事項은 사전에 把握해야 한다.

C. 標目選定의 一般原則

標目選定에 대한 一般原則은 AACR의 初版에 明示되어 있다. 그 要旨는 다음과 같다.

1) 著者 또는 主가 되는 著者라고 判斷될 수 있는 경우 그 主著者名을 標目으로 한다.

2) 著者나 主著者가 없이 編者가 그 著作의 存在에 대해서 第一義的인 責任이 있을 경우는 編者名을 標目으로 한다.

3) 여러 著者의 著作을 모은 合集의 경우는 標題紙에 編纂者名의 表示가 있으면 編纂者名을 標目으로 한다.

4) 기타의 著作으로서 著者性이 애매하거나 不確實하거나 未詳인
　　경우는 書名을 標目으로 한다.

5) 法律이나, 憲法과 憲章, 判例 ,條約, 聖典, 典禮 등과 같이 一般
　　的으로 著作의 類型이나 形式을 나타내는 경우는 特殊(統一)標
　　目으로 한다.

6) 著作性이 애매한 連續刊行物의 경우 團體名이 그 書名 가운데
　　表示되어 있으면 그 團體名을 標目으로 한다.

D. 標目選定의 實際

1. 個人著者의 著作

著者名이 그 著作物에 表示되어 있거나 없거나 1個人이 著述한 著
作은 그 個人名을 基本標目으로 한다. 여기에서 著者란 一般著述, 編
纂, 文藝作品, 美術作品 또는 音樂作品 등의 知的 內容에 대하여 責
任이 있는 個人 또는 團體를 말한다.

　예: 高麗時代의 研究/李丙燾著
　　　　이병도를 基本標目으로 한다.

　　韓國史新論/李基白著
　　　　이기백을 基本標目으로 한다.

　　The sun also rises/by Ernest Hemingway
　　　　Hemjngway, Ernest를 基本標目으로 한다.

　　The doom fulfilled/Sir Edward Burne-Jones

Burne-Jones, Edward를 基本標目으로 한다.

The good soldier/by Ford Madox Ford
Ford, Ford Madox를 基本標目으로 한다.

1個人에 의한 著作의 合集 또는 選集은 그 個人名을 標目으로 한다.

예: 模索의 途程/李軒求評論集
이헌구를 基本標目으로 한다.

月洲集/蘇斗山著; 蘇洙憲輯.
소두산을 基本標目으로 하고, 소수헌을 副出標目으로 한다.

The Poems of John Keats/edited by Jack Stillinger
Keats, John을 基本標目으로 하고, stIllinger, Jack은 副
出標目으로 한다.

Selected essays / George Orwell
Orwell, George를 基本標目으로 한다.

2. 한 團體의 責任으로 된 著作

單一團體가 責任을 가지는 著作은 그 團體名을 基本標目으로 한다.

예: 人文科學論文記事索引(1977-1980)/國會圖書館編
국회 도서관을 基本標目으로 한다.

外國學術雜誌綜合目錄/中央大學校圖書館編

중앙대학교 도서관을 基本標目으로 한다.

The Museum year: annual report of the Museum of Fine
Arts, Boston
    Museum of Fine Arts, Boston을 甚本標目으로 한다.

Rules and regulations of the Chicago Board of Trade
    Chicago Board of Trade를 基本標目으로 한다.

One hundred books and manuscripts recently acquired by
the University
    of Chicago Library
    University of Chicago Library를 基本標目으로 한다.

3. 共著書

A) 主된 責任性이 나타나 있는 경우

2人 또는 그 이상의 個人이나 團體에 의한 著作에 있어서 1個人
이나 한 團體가 분명하게 主된 責任性을 가지는 경우에는 個人名이
나 團體名을 基本標目으로 하고, 여타의 個人名이나 團體名은 副出
標目으로 한다.

    예: 全國圖書館業務의 電算化方向/鄭馲謨(책임연구)等著(朴啓弘,
       玄圭燮, 曹元鎬, 朴寅雄, 共著)
         정필모를 基本標目으로 하고, 書名은 副出標目으로 한다.

     春香傳比較研究/金東旭, 金泰俊, 薛盛璟共著
        김동욱을 基本標目으로 하고, 김태준, 설성경은 副出標
        目으로 한다.

Tellurium and the tellurides/by D. M. Chizhikov and V.
P. Shchastlivyi
    Chizhikov, D. M.을 基本標目으로 하고, Shchastivyi,
    V. P.는 副出標目으로 한다.

The Taylor system in Franklin management; application
and results/
    by George D, Bahcock; in Collaboration with
    Reginald Trautschold
    Bahcock, George D.를 基本標目으로 하고,
    Trautschold, Reginald는 副出標目으로 한다.

B) 主된 責任性이 나타나 있지 않는 경우

2人 이상의 個人 또는 團體에 의한 著作에 있어서 어느 한 個人
이나 團體가 분명하게 主된 責任을 가지지 않는 경우에는 최초에 기
재된 著者를 基本標目으로 하고 여타는 副出標目으로 한다.

    예: 정밀가공/김영철. 심영일 공저
        김영철을 基本標目으로 하고, 심영일은 副出標目으로
        한다.

    현대인의 언어생활/강윤호, 박봉배, 이병호 지음.
        강윤호를 基本標目으로 하고, 박봉배, 이병호는 副出標
        目으로 한다.

    Women artists, the twentiety century/authors Koren
    Peterson, J. J.
    Wilson
    Peterson, Koren을 基本標目으로 하고, Wilson, J. J. 는
    副出標目으로 한다,

General college mathematics/W. L. Ayres, Cleota G. Fry, H.
F. S. Jonah
    Ayres, W. L. 을 基本標目으로 하고,Fry, Cleota G.와
    Jonah, H. F. S. 는 副出標目으로 한다.

4人 이상의 個人 또는 團體에 의한 著作에 있어서 만일 어느 個
人이나 團體가 분명한 主된 責任을 갖지 않을 경우에는 書名을 基本
標目으로 한다. 단 基本情報源(標題紙)의 첫머리에 記載된 個人이나
團體는 副標目으로 한다.

  예: 建築計劃論/金正秀[等]著(金正秀, 金熙春, 劉熙俊, 尹道根,
    李廷德 共著)
    書名(건축계획론)을 基本標目으로 하고, 김정수는 副出標
    目으로 한다.

    BASIC and Chemistry/Leonard Soltzherg, Arvind Shah,
    John Saher,
    Edgor Centry
    書名을 基本標目으로 하고, **Soltzherg, Leonard**는 副出標
    目으로 한다.

C) 編輯者의 指示下에 發行된 合集과 著作
 1) 綜合書名을 가진 著作
한 著作物이 서로 다른 個人이나 團體에 의한 독립된 著作의 合集
또는 選集인 경우에 그 書名을 基本標目으로 한다. 만일 그 著作에
1人, 2人 또는 3人의 編者나 編纂者가 標題紙에 記載되어 있을 경우
에는 그들 각각을 副出標目으로 한다. 만일 編輯者나 編纂者가 標題
紙에 기재된 것이 4名 이상일 경우에는 최초에 기재된 編輯者나 編
纂者名을 副出標目으로 한다.

예: 獨逸詩集/張萬榮編.

　　　書名(독일시집)을 基本標目으로 하고, 編者名(장만영)을
　　　副出標目으로 한다.

The New Oxford book of English light verse/Chosen by
Kingsley Amis

　　　書名을 基本標目으로 하고, Amis, Kingsley를 副出標目
　　　으로 한다.

The Modern age/edited by Boris Ford

　　　(여러 사람의 essay를 Ford 의 編集責下에 出版한 것)
　　　書名을 基本標目으로 하고, Ford, Boris를 副出標目으로
　　　한다.

　2) 綜合書名이 없는 著作

　2人 이상의 著作의 合集으로서 綜合書名이 없는 著作의 경우에는
標題紙의 첫머리에 記載된 著者名을 基本標目으로 한다. 기타의 書
名과 著者名은 副出標目으로 한다.

　　예: 永遠히 찾는 者의 소리/咸錫憲織.
　　　神과 人間의 悲劇/토스토예프스키著; 金錫秀譯
　　　사랑과 認識의 出發/倉田百己著; 辛東門譯
　　　　함석헌을 基本標目으로 하고, 영원히 찾는 자의 소리,
　　　　토스토예프스키,
　　　　신과 인간의 비극, 창전백기, 사랑과 인식의 출발은
　　　　副出標目으로 한다.
　　　Palynotaxonomic inaestigation of Fagus L. and Nothofagus
　　　Bl……/Sharon
　　　L. Hanks and David E. Fairbrothers; and Genisteas
　　　(Adans.)

Benth and related tribes (Leguminosae)/R. M. Polhill.
  Hanks, Sharon L.을 基本標目으로 하고. Fairbrothers,
  David E.와 Polhill, R. M.은 副出標目으로 한다.

D) 著作性이 混合된 著作

著作性이 混合된 著作이란 서로 다른 個人이나 團體가 責任을 가진 著作物이거나, 또는 그들이 서로 다른 貢勞에 의해서 著作된 것을 말한다. (예를 들면 著作, 改作, 增作, 圖解, 編集, 公演, 飜譯 등)

1) 旣存著作物의 修正

旣存著作物을 修正한 著作은 새로운 著作者名을 基本標目으로 하고, 原著作에 대해서는 著者名－書名의 副出標目을 작성한다. (단 이 경우는 原著作物의 속성이나 內容이 실질적으로 變更되었거나 또는 表現媒體가 變更되었을 경우이다.)

ⓐ 意譯, 改作, 兒童用飜案物, 譯編

예: 人間無情/金光洲飜案(原作: 빅 토유고의 레미제라불)
  김광주를 基本標目으로 하고 유고, 빅토－레미제라불은
  副出標目으로 한다.

Galliver's travels in Lilliput and Brobdingnag/Swift; told to
the
children by John Lang
  Lang, John을 基本標目으로 하고 Swift는 副出標目으로
  한다.
Robert Fitzgerald reads from his lliad.
  (Homer의 Iliad를 현대적 번역으로 詩人에 의해서 낭송
  된 것)
  Fitzgerald, Robert를 基本標目으로 하고, Homer를 副出
  標目으로 한다.

Tales from Shakespeare/by Charles and Mary Lamb.
Lamb, Charles를 基本標目으로 한다.

ⓑ 註釋書: 原文과 註釋 또는 評註를 같이 包含한 著作은 註釋
者 또는 評釋者를 基本標目으로 한다.

예: 前漢書/班固撰; 顔師古註
안사고를 基本標目으로 하고, 반고와 書名은 副出標目으
로 한다.

孟子註疏解經/趙岐註; 孫奭疏
조기를 基本標目으로 하고, 손석과 맹자 및 書名은 副標
目으로 한다.

杜詩批解/杜甫著; 李植批評
이식을 基本標目으로 하고, 두보와 書名은 副出標目으로
한다.

The Theastetus of Plato; a Commentary/Spenser Sayers.
(Theatetus의 Greek 本文이 包含된 경우)
Sayers, Spenser를 基本標目으로 하고, Plato와 書名은
副出標目으로 한다.

ⓒ 懸吐書, 訓點書는 原著者를 基本標目으로 하고, 懸吐者나 訓
點者를 副出標目으로 한다.

예: 禪源諸詮集都序/宗密撰; 安錫淵懸吐
종밀을 基本標目으로 하고, 안석연을 副出標目으로 한다.

ⓓ 原作의 改作, 意譯 및 音樂作品의 變奏曲인 경우

　예: Rhapsody on a theme by Paganini: for Piano and
　　　orchestra/Rac·
　　　hmaninov
　　　Rachmaninov를 基本標目으로 하고, Paganini를 副出標
　　　目으로 한다.

ⓔ 飜譯書
한 著者의 著書를 번역한 것은 原著者名을 基本標目으로 한다.

　예: 美文學史/Stopford Brooke著; 崔鳳守譯.
　　　Brooke, Stopford를 基本標目으로 하고, 최봉수를 副出
　　　標目으로 한다.

　　　Twenty love Poems and a song of despair/Pablo
　　　Neruda; translated by W. S. Merwin Neruda, Pablo를
　　　基本標目으로 하고, Merwin, W. S.를 副出標目으로 한다.

ⓕ 여러 著者의 著作物을 한 사람이 번역하여 單行本으로 出版
　한 것은 번역자를 基本標目으로 한다.

　예: 密會/金炳昊譯
　　　김병호를 基本標目으로 한다.

E) 관련된 著作(related works)
관련된 著作이란 續篇, 後篇(sequels), 補遺(supplements), 索引, 用
語集(concordances), 映畵臺本, 副叢書, 連續刊行物의 特別號 등을 말
한다.

1) 正篇과 續篇의 著者가 동일할 경우는 그 著者名을 基本標目으로 하고, 續篇의 書名 및 編者名을 副出標目으로 한다.

> 예: 牛溪先生集(並)續/成渾著; 成肯柱 等校
> 　　성혼을 基本標目으로 하고, 書名과 성긍주는 副出標目
> 　　으로 한다

2) 正篇과 續篇의 著者가 서로 다를 경우는 續篇의 著者를 基本標目으로 하고, 正篇의 著者 및 그 書名은 註記하고 이를 副本標目으로 한다.

> 예: 續三綱行實圖/申用溉等奉命編
> 　　(三綱行實圖/俀循等奉命編의 續篇)
> 　　신용개를 基本標目으로 하고, 설순은 副出目標으로 한다.

3) 補遺(supplement) 및 附錄

原著의 著者 및 書名과 다른 獨立的인 著作形式으로 되어 있는 補遺는 그 自體의 著者名을 基本標目으로 하고, 原著者名과 原書名은 註記하고 이를 副出標目으로 한다.

> 예: 西厓文集/柳成龍著. (附錄; 懲毖錄)
> 　　유성룡을 基本標目으로 하고, 書名과 징비록은 副出標目
> 　　으로 한다.

4) 동일한 卷帙로 構成된 正篇의 著者와 附錄 및 補遺의 著者가 다른 경우는 正篇의 著者名을 基本標目으로 하고, 附錄 및 補遺의 著者 는 副出標目으로 한다.

> 예: 磻溪隨錄/柳馨遠著.

附錄: 磻溪先生年譜/安鼎福輯; 李家源校.
補遺: 群縣制／ 洪元燮著.
유형원을 基本標目으로 하고, 안정복과 홍원섭은 副出標
目으로 한다.

5) 索引, 要語索引

特定著作에 대한 索引은 그 著作과 分離되어 出版된 것이라 할지
라도 그 著者名을 基本標目으로 하고, 索引의 編者名은 副本標目으
로 한다.

　예:　Index　of　Characters　and　events　in　the　Pickwick
　　　　Papers/Nigel　Appleby.
　　　　(Charles Dickens小說에 대한 索引)
　　　　Dickens, Charles를 甚本標目으로 하고 Appleby, Nigel
　　　　은 副本標目으로 한다.

6) 連續刊行物의 附錄

連續刊行物의 附錄으로 刊行된 單行本은 그 著者名을 基本標目으
로 한다. 단 附錄의 著者名을 알 수 없을 경우는 그 連續刊行物 名
稱을 基本標目 으로 한다.

　예: 아담과 이브의 對話; 女流文化人 18人薦 愛情短篇集
　　　(主婦生活 1966年 3月號 附錄)
　　　주부생활을 基本標目으로 하고, 書名은 副出標目으로 한다.

7) 傳記

傳記, 行蹟, 實記, 行錄은 被傳者名을 基本標目으로 하고, 著者名
은 副出標目으로 한다.

예: 春園李光洙; 그의 生涯, 文學, 思想/朴啓周 郭鶴松共著
　　이광수를 基本標目으로 하고, 박계주, 곽학송은 副出標目
　　으로 한다.

尹慶元行狀/尹師國편.
　　윤경원을 基本標目으로 하고, 윤사국은 副出標目으로 한다.

松奄實記/朴永俊편
(松奄은 朴世賢의 號)
박세현을 基本標目으로 하고, 박영준은 副出標目으로 한다.

F) 無著者名古典

無著者名古典으로서 이미 우리나라에서 古典으로 取扱되는 것은
그 慣用된 書名을 基本標目으로 하고, 그 書名, 編者, 譯者 등은 副
出標目으로 한다.

예: 심청전/卓鍾信편
　　심청전을 基本標目으로 하고, 탁종신은 副出標目으로 한다.

春香傳/趙相元編著.
　　춘향전을 基本標目으로 하고, 조상원은 副出標目으로 한다.
　　(異書名(성춘향, 열녀춘향가 등)으로부터 춘향전으로 參照
　　한다.)

4. 人名標目(Headings for Persons)

人名을 標目으로 할 때는 다음과 같은 3단계를 거친다.
첫째는 標目의 基本이 될 수 있는 이름을 선정한다. 대부분의 사람
은 그 이름이 하나이지만 그러나 어떤 경우는 두 가지 이상의 이름

또는 筆名이 雅號 등에 의해서 알려지고 있다. 예를 들면 李光洙가 春園으로, 金始鍾이 金東里로, 白世喆이 白鐵로 알려지고, 西洋人名의 경우는 Koral Wojtyla가 Pope John Paul Ⅱ로 알려지고, Herbert Block이 Herblock로도 알려져 있기 때문에 基本標目을 주는데 있어서 이들의 이름은 어느 하나의 이름으로 基本을 삼아야 한다.

둘째는 選定된 이름의 部分은 標目에 있어서 어느 것이 最初의 낱말이 되도록 할 것인가를 결정해야 한다. 다시 말하면 東洋人의 경우는 거의 모두 언제나 姓名順으로 한글로 表記된다. 그러나 西洋人名의 경우는 일반적인 慣行은 名姓順으로 記述된다. 그러나 人名의 排列에 있어서는 언제나 이를 到置하여 姓名順으로 記入하되 姓 다음에 倒置記號로써 콤마(,)를 찍는데 姓의 表示가 때로는 分明치 못한 경우가 있다. 예를 들면 Gaulle, Charles de 또는 De Gaulle, Charles의 경우 어느 形式이 옳은가를 결정해야 한다.

셋째는 同一人의 다른 이름 또는 選定된 이름의 다른 部分으로부터 參照를 만드는 段階이다. 예를 들면 춘원은→ 이광수로, 김시종은→ 김동리로, 백세철은→ 백철로 參照하고, clay, Cassius는→ Ali, Muhammad 로, Vinci, Leonardo는→ Leonardo, da Vinci로 參照해야 한다.

A) 人名選定의 一般原則

人名의 基本標目은 일반적으로 널리 알려진 個人의 이름을 선정한다. 個人의 이름에는 戶籍上의 實名(real name), 筆名(Pen name), 雅號(Pseudonym), 別名(nickname), 稱號(title), 宗敎名(name in religion), 頭文字(initials)등의 이름형식이 있다.

가장 일반적으로 알려진 個人의 이름의 形式을 결정하는데 있어서도 가급적 姓이 包含된 實名을 우선으로 한다.

예: 春園보다는 李光洙로
　　金始鍾보다는 金東里로
　　白世喆보다는 白鐵로

David Herber Lawrence 보다는 D. H. Lawrence 로
Bertrand, third Earl Russell보다는 Bertrand Russell로
Mary Ann Evans보다는 George Eliat로

기타에도 地名의 標目, 團體名標目, 會議名標目등에 대한 규칙이 있으나 이들은 特殊한 規則으로서 직접 目錄規則을 參照하기 바란다.

5. 統一書名(Uniform Title)

統一書名은 동일한 著作이 多樣한 書名을 가지는 경우 이들 著作을 한 곳에 集中시키기 위해서 이들 書名을 統一시켜서 表記하는 것을 말한다. 統一書名은 다음과 같은 경우에 사용된다.

A) 佛典

1) 佛敎의 經典은 "불전"을 統一標目으로 하고, 個個經典의 慣用名稱은 副標目으로 한다.

예: 大佛項如來寄因修證了義諸菩薩萬行首楞嚴經/般刺密諦譯
불전—능엄경을 基本標目으로 한다.

大方廣佛華嚴經/實叉難陀譯
불전—화엄경을 基本標目으로 한다.

2) 佛典의 經典集은 역시 불전을 標目으로 하고 대장경을 副標目으로 한다.

예: 우리말 八萬大藏經/大韓佛敎靑年會 聖典編纂員會編
불전-대장경을 基本標目으로 한다.

3) 言語表示: 佛典을 言語別로 表示해야 할 경우는 副標目 다음
에 言語表示를 한다.

　　예: 妙法蓮華經/鳩摩羅什譯; 信眉等國譯
　　　　불전－법화경－한글

4) 佛典의 經律論에 대한 諸疏는 그 著者를 基本標目으로 한다.

　　예 : 金剛三昧經論/元曉述
　　　　원효를 基本漂目으로 하고, 書名은 副出標目으로 한다.

　　　　華嚴一乘法略圖/義相述
　　　　의상을 基本標目으로 하고, 書名은 副出標目으로 한다.

B) 基督教聖書

基督教의 聖書는 그 全部 또는 一部를 막론하고 모두 성서를 統一
標目으로 하고, 必要에 따라 副標目 또는 附記事項을 다음과 같이
採記한다.

　　예: 성서－신약, 성서－구약－마태복음, 성서－구약, 성서－신
　　　　약－한글
　　　　The Holy Bible은→ Bible로
　　　　The New Testament of our lord and Savior Jesus christ
　　　　는→ Bible. N. T.로
　　　　The Gospels of Matthew, Mark, Luke, and John 은－
　　　　Bible. N. T. Gospels 로
　　　　The book of Genesis는→ Bible. O. T. Genesis 로

C) 儒教經典

儒教의 經典中 四書(大學, 中庸, 論語, 孟子) 및 五經(易經, 書經,

詩經, 禮記, 春秋)은 각각 그 慣用名稱을 標目으로 한다. 단 傳도 經과 동일하게 취급한다.

예: 대학, 중용, 논어, 맹자, 주역, 서경, 시경

그러나 儒敎經典을 講解, 註釋, 飜譯한 것은 강해자, 주석자, 번역자를 각각 副出標目으로 한다.

第5章 主題名目錄과 主題名標目

XⅢ. 主題名目錄과 主題名標目

XⅢ. 主題名目錄과 主題名標目

本書의 第Ⅲ章 目錄의 種類에서 主題名目錄에 관하여 간단히 論及하였다. 그러나 특히 主題名目錄을 作成하는데 있어서는 여러 가지 복잡한 問題가 提起된다. 그리하여 이 章에서는 主題名目錄과 관련된 主題名 및 主題名標目表에 관해서 論述하고자 한다.

A. 主題名目錄의 意義

1. 主題名과 主題名標目

主題名目錄은 主題를 나타내는 낱말로써 藏書를 檢索하기 위한 目錄이다. 예를 들면 金龍德著 「韓國史의 探求」(乙酉文化社)는 韓國史에 대해서 敍述한 冊이고, 金泳謨著 「社會福祉의 自主的 摸索」은 사회복지에 대해서 敍述한 冊이다. 이와 같이 圖書에는 일반적으로 著者가 그 著作에서 敍述하고자 하는 中心課題가 있다. 이 中心課題를 그 圖書의 主題라고 한다. 그리고 이 主題를 表現하는 낱말을 主題名이라고 한다.

한편 동일한 主題를 表現하는 데 몇 가지의 낱말이 사용되는 경우가 있다. 예를 들면 재해(災害)와 재난(災難), 자본(資本)과 자금(資

金), 정구(庭球)와 테니스, 종양(腫瘍)과 암종(癌腫), 육종(肉腫)등은 각각 동일한 槪念을 나타내는 낱말로서 모두가 主題名이 될 수 있는 것이다. 이러한 경우 主題名目錄에서는 이들 중에 어느 하나를 代表主題名으로 選定해서 항상 이 代表主題名을 標目으로 하여 Card에 記錄해야 한다. 만약 어느 冊에는 "재해", 또 어느 冊에는 "재난"이라는 主題名을 記載해서 Card를 作成하면 "災難"이라고 하는 동일한 主題를 다룬 冊의 Card가 두군데로 分散되기 때문이다.

이상의 예와 같이 각각의 圖書의 主題를 적절하게 表現하는 것으로 選定된 代表主題名을 主題名標目(subject heading)이라고 한다. 그리하여 이 主題名標目을 標目으로 하는 Card를 作成해서 標目의 子母順에 따라 排列한 目錄을 主題名目錄이라고 하는 것이다. 결국 主題名目錄에 있어서는 동일한 內容을 다룬 圖書의 Card는 항상 동일한 主題名標目下에 集中하게 되는 것이다. 따라서 어느 特定한 主題에 대해서 著述된 冊을 찾을 경우에는 그 主題를 表現하는 낱말로 主題名目錄을 檢索하면 찾고자 하는 主題를 다룬 冊의 Card는 모두 한자리에서 發見 할 수 있게 된다.

2. 統一標目

特定主題에 관하여 圖書館이 所藏하고 있는 것을 보여주기 위해서 目錄은 그 主題를 주로 다루고 있든가 또는 그 主題만을 다루고 있는 모든 資料를 하나의 標目 아래에 모아야 한다. 이것은 個人著者에 관한 統一標目의 原則과 유사하다. 어떤 主題가 두 가지 이상의 名稱을 가지면, 그 하나를 標目으로 選定하고 다른 것으로부터 「보시오 參照」(see reference)를 해야 한다. 일반적으로 選定되는 用語는 意味가 명확하고 目錄利用者에게 가장 친밀한 것이 되도록 요망된다. 同一한 用語에 대하여 "marihuana"와 "marijuana"의 경우처럼 서로 다른 綴字가 있으면, 그 가운데 하나만이 標目으로 사용된다.

　　그러므로 目錄에서 각 主題는 하나의 標目에 의하여 表現된다. 역으로 동일한 用語가 둘 이상의 主題에 대하여 사용되어서는 안 된다. 서로 다른 學問이나 知識領域이 관련되는 경우에 자주 생겨나듯이, 동일한 用語가 두 가지 이상의 意味로 사용되어야 할 때는, 利用者가 어떤 意味로 사용되었는지를 명백히 알 수 있도록 이를 限定하거나 明確히 해주어야 한다.

　　統一標目의 原則은 동일한 標目이 서로 다른 形式과 서로 다른 著錄要素를 가진 경우, 특히 둘 이상의 用語를 가지고 있는 標目에도 적용된다. **Air quality**가 主題를 나타내는 標目으로 選定되면, **Air-Quality**나 **Quality of air** 등과 같은 다른 形式은 사용되지 않는다. 그 대신 이들 形式으로부터 「보시오 參照」가 작성된다. **Agricultural chemistry**가 形式으로 선정되면 **Chemistry, Agricultural**은 사용되지 않는다. 마찬가지로 美國歷史가 **United States-History**의 아래에 열거되면 **History-United States**의 아래에는 열거되지 않는다. 그러나 때로는 이 規則에는 例外가 생기게 되며, 어떤 標目에 대해서는 중복된 著錄이 작성된다. 예를 들면 **United States-Foreign relations-Japan**과 **Japan-Foreign relations-United States**는 同一한 標目의 두 가지 形式임에도 불구하고 두 가지가 모두 사용된다.

　　統一標目의 기본적인 原則은 經濟性이다. 이 原則에 의하여 目錄의 主題名標目 수가 상당히 줄어든다. 이것은 특히 하나의 著作에 부여된 각 副出標目이 별도의 著錄이 되는 **Card** 目錄이나 冊子式目錄에서는 중요한 考慮事項이 된다.

　　최근 들어 統一標目의 原則은 점차 완화되고 있다. LC의 慣例에서는 이전보다도 훨씬 많은 중복된 著錄을 현재 인정하고 있다. 用語를 更新할 때 이전에 사용되었던, 없어진 用語와 更新된 새 用語를 모두 目錄에 유지시키는 경우도 있다. 이것은 舊標目의 아래에 상당히 많은 著錄이 있을 경우에 자주 생겨난다. 標目의 舊形式과 새로운 形式은 「도보시오 參照」(see also reference)에 의하여 연결된

다. 分離파일(split file)이라고 하는 이러한 貫例를 사용하는 理由는
광범위한 再編目을 최소화하기 위한 것이다. 예를 들면 標目
Insurance, Social은 Social security로 변경되었다. 그러나 舊標目의
아래에 이미 目錄을 作成한 資料는 변경을 하지 않은 채로 남겨두었
기 때문에 同一主題에 관한 圖書館資料가 두개의 서로 다른 標目 아
래에 作成된다. 「도보시오 參照」는 利用者가 그러한 慣例를 알 수
있도록 하는데 도움이 된다.

3. 用語法

主題名標目은 言語에 의한 主題內容의 表現이기 때문에 言語 또는
語彙의 統制는 큰 관심거리가 된다. 특히 두 가지 問題, 즉 同義語
와 用語法의 變化는 매우 중요하다. 각 主題는 하나의 標目에 의하
여 表現되어야 한다고 하는 統一標目의 原則으로 인하여 主題가 둘
이상의 名稱에 의해 表現되거나 서로 다른 用語로 表現될 수 있을
때는 이에 대한 選擇이 필요하게 된다. Ascorbic 酸은 Vitamin C로
도 알려져 있다. Underground Railroad라고 불려지는 일이 많으나,
英國에서는 Subway로 알려져 있다. 目錄에서 이들 主題를 表現할
때 각 主題에 대하여 여러 가지 가능한 것 중에서 하나의 用語를 選
擇해야 한다. 하나의 用語가 다른 것보다도 널리 일반적으로 사용되
는 것을 결정할 수 있을 때는 普編的인 用法을 採用하는 것이 原則
이다. 그러나 많은 경우 일반적인 用法이 충분히 분명치 못하여 두
가지 이상의 選擇이 可能할 때는 그 選擇은 任意的인 것이 되게 된
다. 그 對策으로서 同義語로부터는 「보시오 參照」가 作成된다.

一般用語와 學術用語와의 사이에서 選擇을 해야 할 경우 여러 主
題分野의 利用者에게 奉仕하는 一般圖書館에서는 一般用語를 우선적
으로 選擇하게 된다. 이 方針은 一般藏書를 위하여 考案된 標準的인
主題名標目表를 수반하는 것이 보통이다. 用語法의 변경의 問題에는

많은 實務上의 問題點이 있다. 標目이 設定되었을 때는 一般的인 用
法에 기초를 두고 用語를 選擇할 수 있을 것이다. 그러나 英語는 끊
임없이 變化하고 있기 때문에 選定된 用語가 나중에 사용되지 않는
일이 많다. 예를 들면 LC 의 主題名標目表에서는 Moving-pictures라
는 用語가 보다 새로운 用語인 Motion Picture를 代身하여 사용되고
있다.

　用語法變更의 또 하나의 問題로는 사용되지 않게 된 綴字의 問題
가 있다. 예를 들면 LC의 主題名標目表에는 Aeroplane이라는 標目
이 1974년에 Airplane으로 變更될 때까지 남아 있었다. 社會的 狀況
이 관계되고 問題가 감정적인 것이 되면 이 問題는 더욱 미묘해진
다. 예를 들면 Negro 또는 Negroes라고 하는 單語를 포함하고 있는
標目은 그 標目 이 設定되었을 당시에는 받아들여질 수 있었으나,
반대에 부딪쳐서 결국은 Black과 Afro-American으로 變更되었다.

　또한 새로이 設定된 主題에 대해서는 아직 충분히 確立된 名稱이
존재하지 않는다는 問題가 있다. 예를 들면 Computer가 처음 등장
했을 때 選定된 標目은 Electronic calculating machines였으며, 이것
이 뒤에 Computer로 變更되었다.

　이러한 問題를 解決하는 論理的이며 理想的인 方法은 用法이 변경
되었을 때 또는 충분히 確立된 새로운 主題에 대한 名稱이 사용되게
되었을 때 標目을 更新하는 것이다. 그러나 이것은 實務에 있어서
目錄內의 旣存의 著錄을 변경하는데 소요되는 費用으로 인하여 반드
시 經濟的인 解決法이라고는 말할 수 없다. 앞에서 말한 分離파일의
慣例는 동일한 主題의 圖書館資料가 分散된다는 短點이 있기는 하지
만, 하나의 解決策이 된다.

4. 形式標目

위에서 主題名이란 圖書의 主題를 表現하는 낱말이라고 했는데 이

와는 性格이 다른 主題名도 있다.

예를 들면 「世界大百科事」(學園社), 「原色世界大百科事典」(학원사), 「大世界百科事典」(太極出版社) 등의 개개의 百科事典의 Card를 主題名目錄에서 한자리에 모으기 위해서는 이들 개개의 百科事典에 각각 「백과사전」이라고 하는 標目을 주면된다. 「시집」(詩集)이라고 하는 標目下에는 「저항시선집」(실천문학사), 「옥중시선집 」(실천문학사), 「70年代 젊은 詩人들 : 젊은 詩人 17人의 問題詩集」(文學世界社) 등의 Card를 모을 수도 있다. 이러한 경우의 「백과사전」이나 「시집」 등도 主題名標目이라고 한다.

그러나 이 「百科事典」이나 「詩集」 등은 먼저 例示한 「災難」, 「資本」, 「庭球」 등과 같은 主題名과는 性格이 매우 다르다. 「災難」, 「資本」, 「庭球」 등의 主題名標目은 각각 冊의 主題를 나타내는데 대해서 이 「百科事典」이나 「詩集」은 결코 主題를 나타내는 것은 아니다. 「百科事典」은 다만 百科事典이라고 하는 冊의 種類(出版形式)을 나타내고, 「詩集」은 文學形式을 나타내고 있는데 불과하다. 이와 같이 特定한 出版形式이나 文學形式의 著作을 目錄組織上 한자리에 모으기 위해서 사용되는 主題名(件名)을 「形式標目」이라고 한다. 그리하여 앞에서 말한 「韓國史」, 「社會福祉」와 같은 主題를 나타내는 것은 「主題名標目」이라고 하여 이 두 가지 標目을 구별한다.

5. 主題名參照

그러나 主題名目錄을 構成하는 Card는 主題名 Card만 있는 것이 아니다. 主題名目錄에 있어서는 參照 Card가 대단히 중요한 役割을 한다. "정구"와 "테니스"의 두 가지 主題名 가운데 "정구"를 이들을 代表하는 主題名標目으로 한다면, "정구"에 대해서 著述된 冊은 모두 "정구"라고 하는 主題名標目下에 Card가 作成되게 된다. 그러나 "테니스"라고 하는 낱말에 의해서 目錄을 檢索하는 利用者가 있을 가능성이 있다. 그러므로 이와 같은 利用者를 "정구"라고 하는 主題名標目으로 案內할 필요가 있다. 이를 위해서는 目錄中에 「"테니스"는 "정구"를 보시오」라는 參照 Card를 揷入하여 같이 排列하연 된다. 이와 같이 동일한 主題를 나타내는 몇 가지의 主題名 중에서 主題名標目으로 使用되지 않은 主題名에서 代表主題名인 主題名標目을 보도록 指示하는 參照를 「보시오 參照」라고 한다.

또한 主題名目錄은 Card가 標目의 子母順으로 排列되기 때문에 相互間에 관계가 있는 主題名標目이 멀리 떨어져서 檢索에 불편을 느끼는 때가 많다. 그리하여 예를 들면 「球技는 정구, 배구, 야구 등을 보시오」하는 參照를 주게 된다. 「球技」라고 하는 主題名에서 目錄을 檢索하는 사람에 대해서 「정구」, 「배구」, 「야구」 등 개개의 球技에 대해서 著述된 冊은 각각의 主題名標目下에 Card가 排列되어 있기 때문에 필요하면 그쪽도 보라는 것을 意味한다. 이러한 參照를 「도보시오 參照」라고 한다.

따라서 主題名目錄은 위에서 설명한 主題名 Card와 이에 대한 參照를 함께 標目의 子母順에 따라서 排列한 것이라고 말할 수 있다.

6. 主題名標目의 賦與方法

目錄이 作成될 著作의 主題內容이 決定되고 主要概念이 確認되고 나면 主題名標目表를 참고하게 된다. 많은 경우에 目錄作成者는 主題에 대하여 자신이 사용하고 있는 語法이나 表現을 主題名標目表의 用語法에 맞도록 수정해야 한다. 이 主題名標目表에서 著作의 主題內容을 가장 잘 表現하는 主題名標目이 選定된다. 일반적으로 그 著作의 內容을 포괄하기 위하여 主題名標目表에서 가장 特定的인 標目을 選定한다.

1) 賦與되는 標目의 數

하나의 標目은 그 著作의 主題를 충분히 表現하도록 해야 한다. 그러나 많은 경우에 特定著作의 主題內容은 하나의 標目에 의해서 충분히 表現할 수 없는 경우가 있으며, 어떤 著作에 대해서는 두개 이상의 標目이 필요하게 된다. 어떤 著作에 부여되는 標目의 數에는 理論的으로는 制約이 없지만, 實務에 있어서는 著錄의 節約을 위하여 制約이 주어진다. 目錄作成에 있어서는 3이라는 數가 一般的인 指針으로 자주 사용된다. 즉 하나의 著作에 세 개가 넘는 標目을 부여하는 것을 規制한다.

2) 一般的 標目 對 特定的 標目

主題名標目을 부여하는 一般的 指針의 하나로서, 一般的인 標目이 特定的 標目을 망라하고 있을 때는 동일한 資料에 대하여 一般的 標目과 特定的 標目을 모두 부여하지는 않는다. 바꾸어 말하면 Cats에 대한 著作에는 Cats와 Domestic animals, Animals, 또는 Zoology를 부여하는 것이 아니라 Cats라는 標目만을 부여한다. 著作의 主題를 表現하고 있는 가장 特定的인 標目을 사용한다.

어떤 경우에는 特定的 標目은 그 著作의 일부에만 부여되고, 전체 著作에는 보다 一般的 標目이 부여된다. 예를 들면 數學一般에 관한 冊의 대부분이 代數에 관한 것이라면, 一般的標目 Mathematics와 特定的 標目 Algebra 두 가지가 모두 부여된다. 후자는 본질적으로 分出主題名標目이 된다. 이것은 著作의 일부가 국소적인 관심밖에 갖지 않았을 때에 目錄作成者가 利用者의 주의를 환기시키기 위하여 사용하는 경우가 있다.

3) 複數의 主題를 가진 著作

複數의 主題를 가진 著作에 대해서는 보통 두개 이상의 標目이 필요하다. 둘 또는 세 개의 서로 다른 主題나 概念을 별도로 다루고

있는 著作에는 이 두세 主題가 어떤 一般的 主題의 전체를 망라하는
것이 아니면 둘 또는 세 개의 별도의 標目을 부여한다. 一般的 主題
의 전체를 망라하는 경우는 一般的 主題에 대한 標目을 부여한다.
예를 들면 中國과 日本의 文學에 대한 책에는 두개의 별도의 標目을
부여한다. 그러나 그리스 및 라틴文學에 대한 책에는 古典文學의 標
目을 부여한다. 어떤 著作이 넷 이상의 主題를 다루고 있고, 그 主
題들이 모두 보다 큰 主題의 일부를 구성할 때에는 보다 큰 主題에
대한 標目을 부여한다. 예를 들면 Argentina, Brazil, Chile, Ecuador
의 旅行에 대한 책에는 South America-Description and travel이라는
標目을 사용한다. 만일 그 主題가 어떤 광범위한 主題에 속하지 않
으면 그 著作에서 셋 이하의 主題가 다루어지는 경우는 별도의 標目
을 부여한다.

4) 複數의 要素를 가진 著作

　하나의 중심적인 主題를 서로 다른 側面에서 다루거나 다양한 要素,
예를 들면 形式, 場所, 時間 등의 要素를 포함하고 있는 著作에 대해서
는 이러한 側面이나 要素를 나타내는 標目이 있으면 이 標目을 부여한
다. 그러한 標目이 없는 경우는 그 側面이나 要素를 적절히 表現하기
위하여 새로운 標目을 作成하거나 몇 개의 標目을 부여할 수 있다. 어
떤 著作의 主題에서 확인되는 모든 槪念, 側面, 要素가 目錄에 포함되
어야 하는지의 여부는 目錄을 利用는 利用者의 立場을 충분히 考慮해
야 한다. 다시 말하면 주된 基準은 利用者에 대하여 그 標目이 潛在的
價値 또는 有用性을 가지고 있느냐 하는 것이다.

B. 主題名標目表의 意義 및 種類

1. 主題名標目表의 意義

主題名目錄을 作成하는 作業은 개개의 圖書內容을 정확히 파악하고 이것을 主題名標目으로 表現하는 일부터 시작된다. 主題名이란 圖書의 內容을 表現하는 낱말인데 目錄을 作成하는 과정에서 그때그때 目錄作成者 任意로 主題名을 決定하게 되면 동일한 主題의 圖書에 대해서 相異한 主題名을 부여하는 結果가 나타날 가능성도 많다. 그리하여 마치 文獻分類에 있어서 分類表가 필요하고 目錄作成에 있어서 目錄規則이 필요한 것과 마찬가지로 主題名目錄을 統一的으로 組織化하기 위해서는 主題名標目의 選定이나 그 形式 및 參照의 作成 등에 있어서도 일정한 基準을 設定하고 항상 이에 準據해서 이들 作業을 調整管理할 필요가 있는 것이다. 이러한 準據가 되는 基準을 主題名標目表(list of subject heading)라고 한다.

다음의 表는 主題名標目의 한 例로서 「主題標目表 — 國民學校用」(韓國圖書館協會. p.72 參照)의 一部를 옮긴 것이다.

수도(水道)　　　　　　539. 1

　　　　　　　　　　　　　　　⇒수원지, 저수지
　　　　　　　　　　　　　　　←상수도

수력 발전 (水力 發電) 563. 3　　→발전

수렵　　　　　　　　　699.5　　　→사냥

　　　　　　　　　　　511.181
수면　　　　　　　　　517.31
　　　　　　　　　　　181.383

　　　　　　　　　　　　　　　⇒꿈
　　　　　　　　　　　　　　　←잠
　　　　　　　　　　　　　　　⇐보건과 위생, 생리

수산물(水産物)　　　　529

　　　　　　　　　　　574.94

　　　　　　　　　　　　　　　⇒게, 물고기, 바닷말, 조개
　　　　　　　　　　　　　　　←해산물
　　　　　　　　　　　　　　　⇒수산업, 어업, 음식물

수산업(水産業)　　　　529

　　　　　　　　　　　　　　　⇒소금, 수산물, 양식, 어업, 포경
　　　　　　　　　　　　　　　⇐산업

수성(별)　　　　　　　443.41　　→흑성(별)

수성암　　　　　　　　459.6　　　→퇴적암

수소　　　　　　　　　435.11　　⇒원소

　表의 左側 고딕體로 表示한 「수도 (水道)」, 「수면」, 「수산물(水産物)」, 「수산업(水産業)」, 「수소」는 主題名標目이다. 이들 主題名標目은 國民學校兒童들의 學習上 또는 日常生活에서 필요하다고 생각되는 것 중에서 選擇한 것이다. 「수력발전(水力發電)→발전」, 「수렵→사냥」, 「수성(별) 흑성(별)」등은 「수력발전」, 「수렵」, 「수성」등으로는 主題名標目으로 하지 않고 「발전」, 「사냥」, 「흑성」 등을 각각 主題名標目으로 사용할 것을 表示한 것이다. 이 경우에 「수력발전」, 「수렵」, 「수성(별)」
은 參照主題名이라고 한다. 「수도(水道)」⇒수원지, 저수지」라든가 「수
면→꿈」「수산물(水産物)」⇐수산업, 어업, 음식물」 등은 主題名相互間
의 관계를 나타내는 參照이다. 또한 「수도」나 「수산업」의 主題名標目
바로 右側에 쓰여 진 539. 1 529 등의 數字는 그 主題名에 주어진
分類番號이다.

이상의 例에서 알 수 있는 바와 같이 主題名標目表는 미리 選定한
主題名標目이나 參照主題名에 대해서 필요한 각종의 參照를 주고 標
目子의 子母順에 따라 排列한 表라고 말할 수도 있다.

이 主題名標目表는;

① 각각의 圖書에 어떠한 主題標目을 주어야 좋은가 하는 主題名
　採擇의 範圍나 精粗를 決定하는 準據가 된다.

② 동일한 主題가 둘 이장의 낱말로 表現될 경우, 예를 들면 앞에
　서 例示한 主題名標目表에 準해서 말하자면 「수도」나 「장수도
　」, 「수소」나 「원소」 중에서 어느 것을 主題名標目으로 定하는
　것이 좋은가를 指示해 준다.

③ 어떠한 參照를 設定하는 것이 좋은가를 명확히 해줄 뿐만 아니
　라 그 參照가 錯誤없이 作成될 수 있도록 指示해 준다.

2. 主題名標木表의 種類

主題名標目表에 收錄하는 主題名標目은 그 圖書館의 利用者가 檢
索하리라고 豫想되는 標目의 範圍內에서 選定해야 한다. 예를 들면
國民學校用의 主題名標目表에서는 「부기(簿記)」라고 하는 主題名標目
은 不必要하지만 高等學校用에서는 없어서는 안 되는 標目이다. 高
等學校와는 달리 國民學校에서는 簿記에 대하여 學習하게 되는 敎科
內容이 없으므로 「簿記」를 主題로 하는 冊도 없기 때문이다. 이와
같이 主題名標目의 採擇範圍나 形式에도 相異點이 있게 될 뿐만 아

니라, 參照 등도 그 主題名 目錄의 利用者의 水準에 따라서 달리할
필요가 있다. 이러한 일은 學校圖書館用과 公共圖書館用과의 사이에
도 마찬가지이다.

　따라서 어떠한 利用者層을 對象으로 하는 主題名目錄이냐에 따라
서 主題名標目表도 그에 符合되는 것을 사용해야만 한다.

　우리나라에서는 1961年에 李載喆교수에 의해서 편찬된 「주제명표
목표」가 그 嚆矢를 이룬다. 이 主題名標目表는 同編者가 1959年에
碩士學位論文으로 發表한 「주제명목록의 연구」의 副産物이라고 볼
수 있는데 編者가 말한 대로 "이 標目表는 *Sears List of Subject
Headings*(제7판과 제8판)를 참고로 하여 특히 공공 및 학교 도서관
에서의 이용에 적합하도록"[1] 편찬된 것이다. 그러나 우리나라의 圖
書館界에서는 主題 目錄에 대한 관심이 적어서인지 이 主題名標目表
가 圖書館現場에의 普及率이 낮은 것으로 보인다. 다음으로 韓國圖
書館協會에서는 다음과 같은 두 가지의 主題名標目表를 편찬한 바
있다.

a) 主題標目表－國民學校用. 韓國圖書館協會. 1967.

　이 標目表는 國民學校圖書館用으로 전체적인 構成은 主題標目(人
名, 地名包含)을 子母順(가나다順)으로 排列한 本表와 그 標目을 分
類順으로 排列한 分類順主題標目表로써 이루어졌다. 標目의 範圍는
文教部編 「국민학교 교육과정 해설서」(1963) 및 「국민학교 학습지도
지침」(1967)에 提示된 各科 指導目標와 指導內容을 分析하고 國民學
校 全教科書 속에서 다루고 있는 主題(名詞)를 빠짐없이 찾아내어
동일한 主題끼리 分類한 다음, 그 主題의 使用頻度數가 많은 것을
標目으로 決定함으로써, 採擇된 標目이 國民學校 兒童의 教科水準과
範圍에 가장 알맞도록 하는데 힘썼다.[2]

---

1) 이재철편. 주제명표목표. 서울, 연세대학교. 1961, p. ix.
2) 主題標目表－國民學校用. 서울, 韓國圖書館協會, 1967, p.12.

그리고 이 標目表의 卷頭에는 23페이지에 걸친 序說이 다음과 같은 目次에 따라 설명되어 있는 것이 그 특징이라고 볼 수 있다.

I. 主題目錄과 그 效果
II. 主題目標表의 構成
III. 主題標目의 選定 및 配當
IV. 主題標目表의 使用法
V. 分類順主題標目表 (使用法)

　　b) 主題標目表—中等學校用. 서울, 韓國圖書館協會. 1968. 이 標目表는 中高等學校圖書館用으로서 전체적인 構成은 主題標目 (人名, 地名包含)을 子母順(가나다順)으로 排列한 本表와 그 標目을 分類順으로 排列한 分類順主題標目表로써 이루어졌다. 標目의 範圍는 文敎部編「중학교 교육과정 해설」(1963) 및 「고등학교 교육과정 해설」(1963), 「실업계 고등학교 교육과정」(1966)에 提示된 各科 指導目標와 指導內容을 分析하고, 中・高等學校의 敎育課程에 따라 편찬된 全 檢認定 敎科書中 各 敎科別로 二種씩을 選定하여 그 속에서 다루고 있는 主題(名詞)를 빠짐없이 찾아내어 동일한 主題끼리 分類한 다음 그 主題의 使用頻度數가 많은 것을 標目으로 決定함으로써, 採擇된 標目이 中高等學校學生의 敎科水準과 範圍에 가장 알맞도록 하는데 힘썼다.[3] 그리고 이 標目表의 卷頭에도 앞에서 말한 國民學校用 標目表의 그것과 거의 類似한 序說이 있는 것이 특징이다.

3. 英美의 主題名標目表

英美系의 主題名標目은 Charles Ammi Cutter의 *Rules for a Dictionary Catalog*[4]에 비롯한다. 이 規則은 辭典體目錄의 主題名標

---

3) 主題標目表-中等學校用. 서울, 韓國圖書館協會. 1968, p.8.
4) Cutter, Charles Ammi. *Rules for a Dictionary Catalog*. 4th ed. Washington,

目作成에 관한 最初의 規則이다.5) 後世의 作家들이 Cutter의 規則을
알기 쉽게 展開하려고도 하였으나 그 基本原則에는 변화가 없으며
아직도 美國圖書館의 主題目錄의 기초를 이루고 있다.

a) LC 主題名標目表

최초의 標準的인 主題名標目表는 1895 年에 Cutter가 主導하는
ALA의 委員會에 의해서 作成된 *List of Subject Headings for Use
in Dictionary Catalog*이다. 이 主題名標目表는 Cutter가 그의 *Rules
for a Dictionary Catalog*에서 提示한 諸原則에 기초를 두고 있는데
이것은 그 후 3版(1895, 1898, 1911)까지 發行되었다. 그러나 1910
年에서 1914年 사이에 議會圖書館이 *Subject Headings in Used in
the Dictionary Catalogues of the Library of Congress*를 發行하게
되자 ALA의 主題名標目表는 계속 發行할 필요가 없게 되었다.

議會圖書館이 20世紀初에 印刷 Card를 配布한 이래로 議會圖書館
의 慣例는 사실상 美國에 있어서 編目의 標準이 되었다. 議會圖書館
의 主題名標目表는 議會圖書館의 目錄서비스를 이용하는 圖書館에서
는 主題名目錄作成을 위한 標準的 道具로서 이용되어 왔다.

알파벳順 主題名著錄의 原則은 議會圖書館 主題名目錄表의 기초가
되며 LC主題名標目表는 目錄에서 사용되고 있는 標目의 記錄이다.
이 標目表는 정기적으로 개정되며, 현재 9版까지 發行되었다(1910~
1914, 1919, 1928, 1943, 1948, 1957, 1966, 1975, 1980). 第8版에
서 書名이 *Library of Congress Subject Headings* (LCSH)로 변경되
었다. 改訂版의 사이에 追加事項과 變更事項이 季刊으로 發行되고
있다. 第8版부터는 마이크로形態로도 발행되는데, 이것은 季刊으로
再發行되며, 追加事項과 變更事項을 統合하게 된다. 그 결과 실제로

D.C. Government Printing Office, 1904 (first published in 1876)
5) Chan, Lois Mai. *Cataloging and Classificaton; An Introduction.* New York,
   McGraw-Hill, 1985, p. 127.

는 3개월마다 새로운 累加版이 나오게 된다. *LCSH*는 대규모의 硏究用藏書에 대한 慣例를 반영하고 있으며, 中小圖書館에는 반드시 적합하다고 할 수가 없다. *LCSH*의 基本標目(main heading)에 대하여 간단히 설명하면 다음과 같다.

形式 (format)

目錄著錄에 사용되는 基本標目은 예를 들면 **Art, Book jackets, Cowboys, Illustration of books** 등과 같이 획이 굵은 活字로 印刷되어 있다. 획이 가는 로마字로 印刷된 것은 主題名著錄으로서는 사용되지 않는다. 이것은 正規標目의 同義語나 變形이며, 標目으로서 사용되는 用語에의 「보시오 參照」(see reference) 가 뒤따르고 있다. 예를 들면 다음과 같다.

> Fine Arts
> See Art
> Arts Farming
> See Agriculture
> Book illustration
> See Illustration of books

目錄 Card에서는 主題名標目을 赤色글자나 大文字로 表示하게 되어, 같은 用語로 되어 있는 書名著錄과 혼돈되지 않게 될 것이다.

標目의 形式

構文論的 構造를 기초로 하여 基本標目은 다음과 같은 範疇로 구분할 수 있을 것이다: 즉 (1) 單一名詞形 標目, (2) 形容詞形 標目, (3)接續詞形 標目, (4) 前置詞形 標目이다.

(1) 單一名詞形 標目

基本標目의 가장 단순한 形式은 예를 들면 **Cabbage, Cats, Economics, Poetry, Locomtion, Cataloging, Aged, Poor** 등과 같이, 하나의 名詞 또는 名詞相當語句로 이루어진다. 하나의 名詞가 둘 이상의 主題나 槪念을 나타낼 때에는, 그 標目을 하나의 主題나 槪念에 한정시키기 위하여 예를 들면 **Chlorosis(Plants), Cold(Disease), Corruption(in politics)**처럼 괄호에 限定語句를 부가한다.

(2) 形容詞形 標目

어떤 主題나 槪念이 하나의 名詞로는 적절히 表現될 수 없을 때 句가 사용된다. 句標目 가운데 가장 一般的인 形式은 하나의 名詞 또는 名詞句에 形容詞修飾語가 結合된 것이다. 形容詞修飾語는 다음의 形式中 한 가지가 될 수 있을 것이다. 즉 一般形容詞, 固有名詞的 形容詞, 地名, 名詞修飾語, 所有格의 固有名詞 또는 普通名詞이다. 예를 들면 Agricultural credit; Juvenile automobile drivers, Abelian varieties; English literature; California Railroad Strike, 1894: Library science; Cowper's glands Carpenter's square 등이 있다.

많은 경우에 名詞를 著錄要素로서 눈에 띄는 位置에 올 수 있도록 하기 위하여 形容詞句는 倒置된다. 예를 들면 **Georgraphy, Historical; Maps, Statistical; Motor bus drivers, Physically Handicapped** 등이 있다.

(3) 接續詞句形 標目

이 類型의 標目은 둘 이상의 名詞나 名詞句 또는 이 두 가지 모두로 이루어지며, 修飾語가 붙는 경우와 붙지 않는 경우가 있으며, and 라는 단어로 연결되거나, etc로 끝나게 된다. 이 形式에는 다음과 같은 세 가지 目的이 있다: (a) 두개의 事物이나 槪念 사이의 관계를 表現하기 위하여 , 예를 들면 **Literature and science, Church and social problems** 등이 있다. (b) 對立하는 것도 있지만, 著作에서 동시에 다루어지는 主題를 結合시키기 위하여, 예를 들면 **Emigration** and immigration, Open and closed shelves, Debtor and creditor, Skis and skiing, Children's encyclopedias and dictionaries 등이 있다. (c) 보다 一般的인 첫 번째 名詞를 說明하기 위한 두 번째 名詞를 부가하여 名詞의 意味와 範圍를 限定하기 위하여 예를 들면 Forces and couples, Bolts and nuts 등이 있다.

(4) 前置詞句形 標目

또한 類型의 句標目은 名詞나 名詞句 또는 이 두 가지 모두로 이루어지며, 修飾語가 붙는 경우와 붙지 않는 경우가 있으며, 前置詞에 의하여 結合된다. 예를 들면 Breach of contract, Children in motion pictures, Federal aid to youth services 등이 있다. 이러한 句標目 은 대개 다음과 같은 目的을 위하여 사용된다.

ⓐ 하나의 名詞를 사용하여 概念을 限定하거나 이를 特定的인 것으로 할 수없을 때, 이를 행하기 위하여. 예를 들면 Costume in art, Electric discharges through gases 등이 있다. 각 경우에 前置詞句(in art나 through gases)는 基本概念(Costume이나 Electric discharge) 을 보다 特定的으로 해준다.

ⓑ 두개의 對象이나 概念 사이의 관계를 表現하기 위하여, 예를 들면 Children as artists, Mites as carriers of disease 등이 있다.

ⓒ 통상 句로만 表現되는 槪念을 나타내기 위하여, 예를 들면 Figures of speech, Fathers of church 등이 있다.

ⓓ 하나의 主題가 다른 主題에서 수행하는 役割을 表現하기 위하여, 예를 들면 Television in education, Love in literature 등이 있다.

ⓔ 어떤 主題나 槪念의 한 側面을 나타내기 위하여, 예를 들면 Mysteries of Rosary, Cataloging of art, Stability of airplanes 등이 있다.

形容詞形 標目에서 제시한 것과 마찬가지 理由로 句標目은 基本概念을 앞으로 오도록 하기 위하여 倒置되는 경우가 있다. 일반적으로 句標目은 실제상 첫 번째 要素가 두 번째 要素를 修飾하고, 두 번째

要素도 독립된 標目으로서 目錄에 나타날 때 倒置된다. 예를 들면
Knowledge, Sociology of가 있다.

　*LCSH*의 標目에는 여러 가지 形式을 結合한 것도 있으며, 길고 복
잡해질 수도 있다. 예를 들면 **Opening of the eyes of one blind
at Bethsaida(Miracle), Harp and percussion with string
orchestra** 등이 있다.

b) Sears 主題名標目表

　Minnie Earl Sears가 編纂한 *List of Subject Headings for Small
Libraries*의 第1版은 1923年에 刊行되었다. 이 標準的인 主題名標目
表의 出版에 따라 ALA의 主題名標目表나 LC의 主題名標目表의 使
用이 적절하지 못한 小規模의 圖書館에서의 要求가 나타나기 시작했
다. 그 후 Sears主題名標目表는 第11版을 헤아리게 되었다. Sears 自
身은 처음의 세 版(1923, 1926, 1933)의 編纂을 담당하였다. 第4版
(1939)과 第5版(1944)은 Isabel Stevenson Munro에 의해서, 또한 第
6版(1950), 第7版(1954), 第8版(1959)은 Bertha M. Frick에 의해서
編纂되었다. 第9版 (1965)부터는 Barhara M. Westby가 編纂하고 있
다. 第6版부터는 *Sears List of Subject Headings*라는 書名으로 바뀌
었다.

　第4版에서 第8版까지에는 각 主題名標目에 對應하는 Dewey十進分
類番號가 주어져 있었다. 이것은 第9版과 第10版에서는 除外되었으나
利用者의 要求에 따라 第11版에서는 다시 그것을 記載하게 되었다.

　Sears主題名標目表는 美國의 學校圖書館이나 小規模의 公共圖書館
에서 널리 利用되고 있다. Sears 主題名標目表와 LC主題名標目表는
모두 美國內에 있어서의 일반적인 圖書館의 標準的인 主題名標目表
로서 使用되고 있다.

　*List of Subject Headings for Small Libraries*를 作成하는데 있어서
Sears는 LC의 主題名標目表와 共通性을 維持하는 깃이 좋겠다고 認

識했기 때문에 LC의 一般原則에 따랐다. 그러나 小規模圖書館 特有의 要求에 부응하기 위해서 例外的인 部分도 있다. 그 때문에 Sears主題名標目表는 LC主題名標目表의 簡略版이 되지는 않았으나 그 形式이나 構成은 類似하다. Sears主題名標目表의 各版의 編纂에 臨해서 編者들은 언제든 LC主題名標目表를 參照하고 있다. Sears主題名標目表의 最近版에는 *Subject Headings for Childrens Literature* 中의 많은 主題名이 揷入되어 있다. 아래에서 論述하는 점에 대해서는 다른 形式이 쓰이거나 변경이 생기거나 하는 경우가 많다. 用語나 綴字, 예를 들면 LC主題名標目表의 Biological Chemistry 代身에 **Biochemistry**로 綴字하고, 한편 LC主題名標目表의 Cities and towns-planning 代身에 **Cityplanning**으로 綴字한 바와 같이 複合語가 簡略化되어 있다.

LC主題名標目表의 기초가 되고 있는 一般原則은 Sears主題名標目表에도 적용되고 있다. 이러한 原則이란 Alphabet順 主題名標目表의 原理 즉. 特定性이 높은 統一的標目, 일반적으로 사용되는 用語의 優先(common usage), 相互參照(syndetic device) 등을 말한다.

形 式

目錄中에서 主題名標目으로 사용되는 標目과 副出標目은 고딕活字로 印刷되어 있다. 明照體의 로마字로 印刷되어 있는 것은 主題名標目으로 사용된 것이 아니다. 後者는 일반적인 標目의 同義語이거나 異形이며, 다음과 같이 主題名標目으로 사용되는 用語에 대해서「보시오 參照」가 되어 있다.

    Conundrums. See Riddle
    Microwave Cookery. See Cookery, Mcriowave
    Agricultural pests-Biological Control. See Pests - Biological
    Control

Card 目錄이나 冊子體目錄中의 主題名著錄에서는 主題名標目은 赤色이나 大文字로 表示되어 동일한 낱말을 包含하는 書名標目과 容易하게 구별될 수 있다.

標目의 形式

(1) 單一의 名詞로 된 標目

대부분의 廣範한 主題나 事物은, **Chemistry; Education; Law; Books; Racks; Water** 등과 같이 單一의 名詞로 된 標目으로 表現된다. 하나의 낱말이 두 가지 이상의 意味가 있을 때는 원 괄호(( ))속에, 限定語句를 넣어서 그 標目을 하나의 主題나 槪念으로 限定한다. 예를 들면 **Bridge(Game); Masks (Sculpture)** 등과 같이 한다. 單數形으로 하느냐 複數形으로 하느냐에 대해서는 그 낱말의 意味가 明瞭하냐의 與否에 달려 있다. 일반적으로 抽象的인 槪念은 **Credit**와 같이 單數形의 名詞로 하고, 事物은 **Books**와 같이 複數形으로 表示된다. 하나의 名詞의 單數形과 複數形이 모두 標目이 되는 경우도 있다. 이러한 경우는 **Short story**(技法)과 **Short stories**(著作), 혹은 **Symphony**(演奏形式)과 Symphonies (樂譜)와 같이 相異한 意味를 가지고 있다.

(2) 複合語의 標目

複合語의 標目은 and로 연결된 두개의 名詞나 名詞句로 되어 있다. 이것은 다음과 같은 目的을 위해서 사용되고 있다.

1. 보통 그 冊중에서 동시에 다루어지는 경우 많은 主題나 槪念을 연결시킨다.

   예: **Ski and Skiing, Clans and Clan system, Cliff dwellers and Cliff dwellings**

2. 보통 그 冊중에서 동시에 다루어지는 경우 많은 對立 되는 主

題를 연결시킨다.

예: **open and closed shop**

3. 두개의 槪念이나 事物間의 관계를 나타낸다.

예: **Church and education, Medicine and religion**

(3) 形容詞가 붙은 名詞의 標目

어떤 主題나 槪念을 낱말로는 적절히 表現될 수 없을 때는 語句가 사용된다. 語句標目으로서 가장 일반적인 形은 하나의 名詞 혹은 名詞句에 하나 또는 複數의 形容詞의 修飾語를 붙인 것이다. 예를 들면 **English language, Space flight, Ground effect machine, College students, Clergy man's wave**등이다. 標目은 **Chemistry, Physical and theoretical; Trusts, Industrial** 등과 같이 著錄要素로서 名詞가 앞에 오도록 轉置되는 경우가 많다.

(4) 語句로 이루어지는 標目

槪念中에는 그들의 관계를 表示하는 前置詞에 의해서 연결된 名詞나 名詞句에 의해서 表示되고 있는 것이 있다. 예를 들면 **Cookery for the sick; Electricity in Agriculture; Region in the public schools; Detergent pollution of rivers, lakes, etc**. 등이다.

參   照

主題標目으로 사용되는 낱말 以外의 낱말에 의해서 檢索하는 利用者를 돕거나, 調査하고 있는 對象에 관련된 資料에 注意를 돌리도록 하기 위해서 目錄에는 參照가 마련되고 있다. 目錄中에는 동일한 主題名標目이 여러 번 나타나겠지만 그에 대한 參照는 단 한번만 作成된다. 參照는 目的에 따라서 「보시오 參照」, 「도보시오 參照」, 「上位에의 參照」(general reference)의 세 가지 種類가 있다.

(1) 「보시오 參照」

「보시오 參照」는 利用者로 하여금 標目으로 사용되지 않은 낱말에서 채용된 標目으로 찾도록 誘導하기 위한 것이다. Sears主題名標目表에서는 「보시오 參照」가 마련되어 있다는 것을 標目의 다음에 表示하고 있다. 「x」는 그 記號의 다음에 表示된 낱말에서 記號의 直前에 있는 標目에 대해서 「보시오 參照」가 마련된다는 것을 表示하고 있다.

Adolescence	Art, Modern
x Teen age	x Modern art

參照의 例를 表示하면 다음과 같다.

```
┌─────────────────────────────────┐
│           TEEN AGE              │
│             see                 │
│         ADOLESCENCE             │
│                                 │
│                                 │
│               ○                 │
└─────────────────────────────────┘
```

```
        ┌─────────────────────────────────┐
        │          MODERN ART             │
        │             see                 │
        │         ART, MODERN             │
        │                                 │
        │                                 │
        │               ○                 │
        └─────────────────────────────────┘
```

Sears主題名標目表에는 Teen age와 Modern art라고 하는 語句 밑에 逆의 指示가 있는데 注意를 要한다.

Teen age. See Adolescence

Modern art. See Art, Modern

보통「보시오 參照」는 主題名標目으로 사용되지 않은 同義語, 類似語나 倒置形에서 이루어지고 있다. 또한 「보시오 參照」는 標目으로 사용되지 않은 보다 特定的인 낱말이나 語句에서 標目으로 채택된 보다 일반적인 낱말이나 語句에 대해서 주어지고 있다.

COOKING UTENSILS

see

HOUSEHOLD EQUIPMENT AND SUPPLIES.

○

※ 보다 特定的인 語文에서 일반적인 語文으로 주어진 「보시오 參照」

(2) 「도보시오 參照」

「도보시오 參照」는 하나의 標目을 다른 관련된 標目群과 連結시키는 것이다. 이 參照를 주기 전에 整理擔當者는 그 圖書館이 兩方의 標目에 해당하는 資料를 所藏하고 있느냐의 與否를 確認해야만 한다. 「도보시오 參照」는 두 가지의 目的으로 주어진다. 그 첫째는 廣範한 主題를 보다 좁은 主題로 誘導하기 위한 것이며, 둘째는 어떤 主題에서 동일하거나 혹은 보다 좁은 관련된 主題에로 誘導하기 위한 것이다.

「도보시오 參照」는 Sears 主題名標目表에서는 「xx」 (「도보시오 參照」 혹은 (see also from))이라고 하는 記號로 表示하고 있다. 「도보시오 參照」에 의해서 表示되는 逆의 指示가 또 한편의 標目에도 있다. 예를 들면 다음과 같다.

```
HONEY
see also
BEES


     ○
```

```
                    BEES
                  see also
                   HONEY


                     ○
```

```
INSECTS
see also
BEES


     ○
```

※ 「도보시오 參照」

　　Bees와 **Honey**는 관련 있는 主題이다. 따라서 「도보시오 參照」는 雙方에 주어진다. 한편 **Insects**는 Bees를 포함하는 廣意의 낱말이기 때문에 「도보시오 參照」는 Insects에서 Bees에 대해서 주고 **Bees**에서 **Insects**에 대해서는 參照를 주지 않는다.

(3) 上位에의 參照

「上位에 의 參照」(general reference)에서는 「보시오 參照」와 「도 보시오 參照」의 兩方 모두 개개의 標目에서가 아니라 標目의 Category나 구분의 모든 것을 對象으로 한다. 이러한 方法은 主題名 標目表와 圖書館目錄의 兩方에 Space를 節約하기 위해서 사용된다. 多數의 개개의 標目을 列擧하는 대신에 全般的인 說明이나 指示가 表示된다.

Dogs

　　see also classes of dogs, e.g., **Guide dogs;** etc.;

　　　　also names of Specific breeds, e.g., **Collies**; etc.

Rivers

　　see also **Dams; Flo**ods; ······also names of rivers

Rocket planes

　　see also names of rocket planes, e.g., X-15(**Rocket aircraft**);
etc.

Army

　　see **Armies; Military art and science**; and names of Countries
　　　　with the subhead Army, e.g., **U.S. Armv**; etc.

다음의 例에는 特定한 標目에 필요한 參照의 여러 가지 形式이 表示되고 있다.

Antomobiles

　　see also **Buses; Sports Cars; Trucks;** also manes of specific
　　　　makes and models of automobiles, e.g., Ford automobile;
　　　　etc.

　　*x*cars (Automobiles), Locomotion; Mator cars

*xx*Transportation; Transportation, Highway; Vehicles

다음 페이지의 例는 이러한 參照 Card의 여러 形式을 보여 주는
예이다.

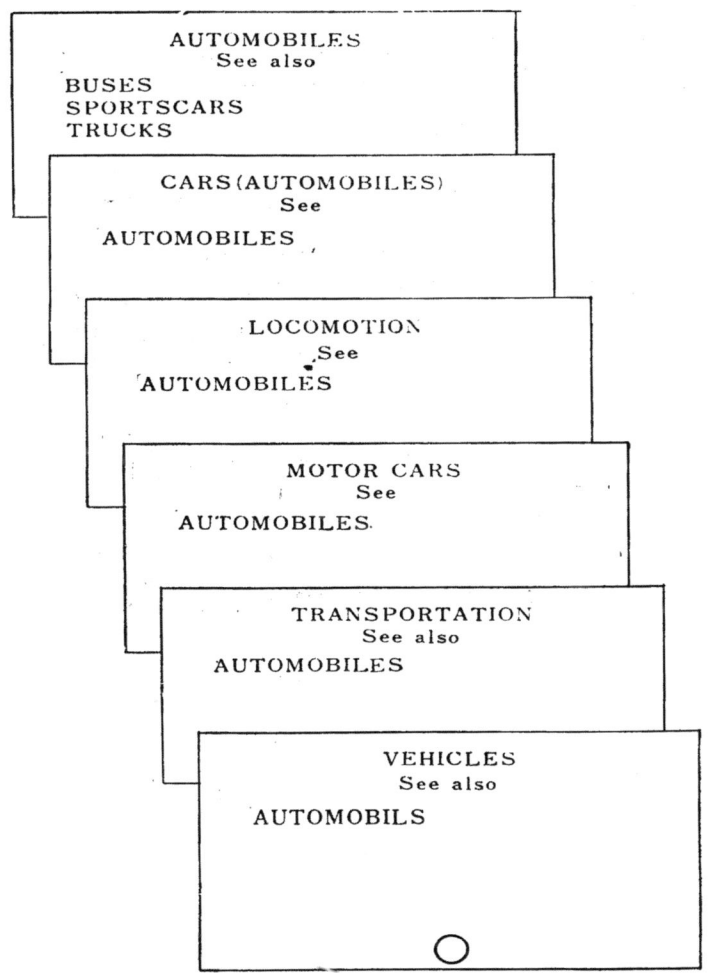

特定한 標目에 필요한 相互參照의 여러 가지 形式

찾아보기

[ㄱ]

각괄호 ; 80, 82, 87, 90, 94, 95, 96, 97, 100, 101, 103

개인저자의 저작 ; 114

검색항목 ; 26

공용목록 ; 22

공저서 ; 116

공저자명 ; 77

구두법 ; 68, 79, 81, 82, 186

구두점 ; 60, 67, 79, 82, 83, 97, 193

국립도서관 ; 47, 66

국제목록전문가회의 ; 58

국제표준서지기술법 ; 59, 68, 186

국제표준연속간행물번호(ISSN) ; 76

권두지면 ; 87

권자본 ; 107

권책번호 ; 74

권책수 ; 81

기독교성서 ; 128

기본저록 ; 21, 22, 24, 29, 30, 31, 32, 33, 36, 46, 66, 67, 69, 73, 74, 76, 77, 90, 91, 93, 94, 95, 98, 111, 167, 169, 197, 198, 200, 201, 205

기본표목 ; 77

기술사항 ; 28, 29, 60, 61, 66, 67, 68, 69, 71, 73, 74, 75, 76, 77, 79, 81, 87, 88, 97, 98, 197, 199, 203, 206

기술순위 ; 74, 77

[ㄴ]

내용주기 ; 76, 82

[ㄷ]

단행본 ; 27, 59, 90, 122, 124, 167, 174, 176, 180, 181, 182, 202, 205

대등서명 ; 117, 121

대등서명 ; 74, 79, 80, 83, 85

대문자법 ; 89

대영박물관 ; 45, 46

도서 ; 5, 6, 30, 63, 91, 93, 96, 98, 100, 107, 116, 122, 125, 126, 127, 128, 133, 134, 156, 157, 185

도서관자료의 조직절차 ; 34, 35, 36

도서구입장부 ; 21

도서원부 ; 20, 36

도표 ; 74, 75, 76

도표 ; 74, 75, 76

동명이지(同名異地) ; 95

[ㅁ]

목록과 목록학 ; 17

목록과 서지 ; 17, 58

목록과 편목 ; 17

목록규칙 ; 26, 28, 29, 30, 31, 36, 48, 52, 54, 56, 57, 66, 67, 68, 86, 90, 98, 111, 112, 127, 143, 173, 181, 185, 198

목록의 어의 ; 16

무저자명고전 ; 112, 125
문단구조 ; 91
문헌기호 ; 71, 77
문헌정보학 ; 17, 171

[ㅂ]
박봉석 ; 66, 67
발 ; 5, 6, 39, 44, 45, 47, 49, 50,
   51, 52, 53, 54, 55, 58, 59,
   62, 74, 97, 99, 100, 117,
   118, 119, 120, 122, 124, 134,
   160, 183, 184, 187
발행사항 ; 119, 120
발행지 ; 74, 97, 100, 120
발행지불명 ; 97, 100
발행처 ; 97, 100, 120
발행처불명 ; 100
번역서 ; 32, 78
별명 ; 126
보유 ; 92
보조저록 ; 30, 31, 76
본서명 ; 74, 79, 80, 83, 87, 89
부록 ; 119
부록자료표시 ; 83
부서명 ; 77, 90, 117
부출저록 ; 31, 32, 94, 98, 111,
   201
분류기호 ; 71
분류목록 ; 23, 24, 43
분리파일 ; 136, 137
분출 ; 136, 137
분출저록 ; 9, 31, 32, 104

분할목록 ; 24
불전 ; 168, 169

[ㅅ]
사진 ; 129
사항 ; 5, 97, 104, 105, 117, 119,
   120, 133
삽도 ; 74, 75, 76, 81, 107, 108,
   110, 129
상위에의 참조 ; 159
색인 ; 123
서가목록 ; 22, 24, 30, 43
서명 ; 71, 77, 78, 87, 90, 92, 97,
   115, 116, 117, 121, 134, 136,
   137
서명기본저록 ; 67
서명목록 ; 22, 23, 24, 50
서명저자복식표목 ; 104
서문 ; 87, 112
서지적 기술 ; 27, 28, 29, 64, 66,
   67, 68, 69, 73, 74, 77, 79,
   90, 91, 92, 95, 97, 98, 105,
   186, 200
서지정보의 표현형식 ; 9, 88
설계도 ; 108
세계서지통정 ; 57, 58, 61, 166
속간사항 ; 60, 74, 75, 76, 78, 81,
   87
실명 ; 126

[ㅇ]
아호 ; 33, 126

악보 ; 53, 155, 182, 202

약어 ; 91

약자 ; 88

약표제면 ; 87, 112

양식 ; 183

여타서명 ; 79, 80, 83

여타서명정보 ; 83

역자명 ; 22, 23, 26, 30, 31, 76, 77

연속간행물 ; 32, 53, 59, 61, 76, 113, 122, 124, 176, 178, 182, 184

영미목록규칙 ; 26, 29, 30, 31, 198

오식 ; 89

오자 ; 89

요어색인 ; 124

위치기호 ; 92

유교경전 ; 129

유향 ; 43, 124

유흠 ; 43

이재철 ; 185

이중문단형식 ; 94, 95

일반원칙 ; 112, 126, 153, 154

일반적 표목 ; 140

일반주기 ; 76, 97

[ㅈ]

장시목록 ; 20

저록 ; 9, 21, 22, 24, 26, 28, 29, 30, 31, 32, 33, 36, 42, 43, 46, 53, 54, 55, 58, 60, 66, 67, 69, 71, 73, 74, 75, 76, 77, 78, 79, 81, 83, 84, 86, 90, 91, 92, 93, 94, 95, 98, 99, 103, 104, 105, 111, 135, 137, 140, 148, 149, 150, 154, 167, 169, 186, 188, 194, 197, 198, 199, 200, 201, 205, 206, 207

저자 ; 77, 89, 90, 97, 115, 134, 136, 137

저자기본저록 ; 66

저자기호 ; 43, 73, 85

저자목록 ; 22, 23, 24, 50

저자분출 ; 136

저자표시 ; 89, 90, 115

전기 ; 22, 42, 45, 86, 124, 178

접근점 ; 26, 31, 64, 91, 97, 111, 197, 198, 200, 201, 205

제3판 ; 63

조선도서관학교 ; 66

종교명 ; 126

종합목록 ; 24, 25, 42, 115, 166, 168, 169

주기사항 ; 104, 105, 117, 133

주제명 ; 77, 185

주제명 목록 ; 133, 134, 138, 139, 143, 146, 148, 161

주제명 목록의 연구 ; 146

주제명분출 ; 32

주제명표목 ; 185

주제명표목표 ; 185

주세목록 ; 23, 24, 50, 147, 148

중앙집중식 목록각성법 ; 47

증보 ; 50, 207
지도 ; 43, 61, 108, 110, 120, 129,
    185

[ㅊ]
참조 ; 60, 68
책등 ; 117
책의 크기 ; 69, 77
책의 크기 ; 75, 78, 83, 85
청구기호 ; 73, 74, 90, 92, 98
초상 ; 108, 129
초판 ; 117
총서 ; 114, 134
총서주기사항 ; 76
칭호 ; 126

[ㅌ]
통일서명 ; 127, 200, 205
특정적 표목 ; 140

[ㅍ]
판권기 ; 90, 97, 119, 126
판차사항 ; 28, 60, 74, 75, 78, 80,
    85, 87
판표시 ; 75
페이지수 ; 78
편목 ; 8, 16, 17, 39, 41, 42, 43,
    44, 45, 46, 47, 48, 49, 50,
    51, 52, 53, 54, 55, 56, 57,
    59, 61, 63, 65, 66, 67, 69,
    90, 91, 92, 95, 98, 105, 112,
    136, 148, 165, 166, 167, 171,
    173, 174, 175, 177, 179, 181,
    182, 183, 185, 186, 195, 196,
    197, 198, 200, 201, 202, 204
편목규칙 ; 8, 39, 41, 42, 43, 44,
    45, 46, 47, 48, 49, 50, 51,
    52, 53, 54, 55, 56, 57, 59,
    61, 63, 65, 66, 67, 69, 112,
    166, 181, 183, 185, 186, 195,
    196, 197, 198, 200, 201, 202,
    204
표목 ; 72, 77, 185
표목선정 ; 109, 111, 112, 114,
    117, 119
표목지시사항 ; 29, 36, 74, 76, 78,
    85, 90, 97, 98, 99, 111, 199
표목지시어 ; 9, 99
표제 ; 88, 89, 90, 92, 97, 119,
    126
표제면 ; 87, 111, 112, 118, 119
표제분출 ; 32
표지 ; 69, 90, 105
필명 ; 126

[ㅎ]
하위속간물명표시 ; 75
학위 ; 122
한국도서관협회 ; 98, 134
한국목록규칙 ; 66, 67, 68, 98, 181
한국문헌기호표 ; 78
형식표목 ; 46, 50, 138

[A]

access point ; 132

added entry ; 33

additional entry ; 33

Alexandria ; 38

Anglo-American Code ; 8, 47

Author & Title Entries ; 54

[B]

Barhara M. Westby ; 153

Bertha M. Frick ; 153

bibliographic description ; 30, 68

Callimachus ; 38

[C]

Cataloging Rules ; 27, 29, 31, 52,
    53, 54, 55, 56, 61, 62, 63

Charles Martel ; 52

contents ; 19, 124, 125

CRT ; 139

Cutter-Sanborn ; 78

[D]

dissertation ; 122

divided catalog ; 27

dual indentation form ; 141

Dunkin ; 46, 47, 48, 51, 52

[E]

entry ; 10, 30, 33, 34, 68, 131,
    159

et al ; 81, 90

[G]

given name ; 98

[I]

indentation form ; 138, 141

indentation form ; 90

indention ; 68, 69, 70, 148

ISBD(G) ; 57, 59

ISBD(M) ; 30, 55, 56, 57, 58, 61,
    64, 72, 79, 81, 82, 83

ISBD(S) ; 56

[J]

JSCAACR ; 57, 58, 59

Library of Congress Subject
    Headings ; 187

List of Subject Headings for Small
    Libraries ; 191

Lubetzky, Seymour ; 51

[M]

main entry ; 68

[O]

open entry ; 10

[P]

Panizzi ; 8, 41, 42, 46

Paul Winkler ; 63

Pinakes ; 38

public catalog ; 22, 49

[R]

Ranganathan ; 139

Rules for a Dictionary Catalog ;
    46, 186

[S]

Sears List of Subject Headings ;
    191

Seymour Lubetzky ; 55

sic ; 69, 82, 107, 113, 114, 189,
    194

Smithsonian Institution ; 43

split file ; 176

Subject Headings for Childrens
    Literature ; 192

[T]

the Library of Congress ; 187

[U]

UBC ; 8, 53, 57

uniform title ; 200

union catalog ; 27, 38

[V]

verso ; 87, 119, 121, 154

[W]

with ; 39, 43, 58, 85, 86, 93,
    119, 122, 136, 158, 191, 198

* 본 도서는 1988년에 출간 된 청람 정필모 박사의 목록조직론을 한국학술정보(주)에서 새롭게 펴낸 것임.

● 저자 ●

정필모(鄭駜謨)　중앙대학교 영어영문학과 졸업
중앙대학교 대학원 문학석사
연세대학교 대학원 도서관학석사, 문학박사
중앙대학교 문헌정보학과 교수, 중앙도서관장, 인문과학연구소장
중앙대학교 문리과대학장, 부총장
(현) 중앙대학교 명예교수

주요 저서
文獻分類法, 文獻分類論, 國際百進分類法硏究, 目錄組織論,
目錄組織論(개정판), 高麗佛典目錄硏究, 文獻情報學原論,
文獻情報學原論(개정판), 文獻情報學原論(제3개정판),
文獻情報學原論(제4개정판), 圖書館 및 文獻利用法,
一般參考文獻槪說, 學術情報媒體의 標準化指針,
學術論文作成指針, 韓國文獻記號俵.
동의보감에 나타난 암치료 처방전, 국제백진분류법

본 도서는 한국학술정보(주)와 저작자 간에 출판권 및 전송권 계약이 체결된 도서로
서, 당사와의 계약에 의해 이 도서를 구매한 도서관은 대학(동일 캠퍼스) 내에서 정
당한 이용권자(재적학생 및 교직원)에게 전송할 수 있는 권리를 보유하게 됩니다.
그러나 다른 지역으로의 전송과 정당한 이용권자 이외의 이용은 금지되어 있습니다.

晴朗 鄭駜謨 博士著作全集 4

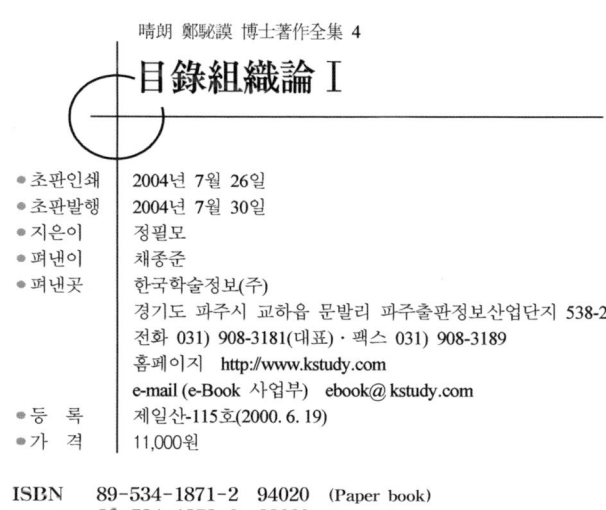

目錄組織論 I

● 초판인쇄	2004년 7월 26일
● 초판발행	2004년 7월 30일
● 지은이	정필모
● 펴낸이	채종준
● 펴낸곳	한국학술정보(주)
	경기도 파주시 교하읍 문발리 파주출판정보산업단지 538-2
	전화 031) 908-3181(대표) · 팩스 031) 908-3189
	홈페이지 http://www.kstudy.com
	e-mail (e-Book 사업부) ebook@ kstudy.com
● 등 록	제일산-115호(2000. 6. 19)
● 가 격	11,000원

ISBN　89-534-1871-2　94020　(Paper book)
　　　　89-534-1872-0　98020　(e-book)
　　　　89-534-1824-0　94020　(Paper set)
　　　　89-534-1825-9　98020　(e-book set)